AF502469

LES REIOVISSANCES DE LA PAIX, FAITES DANS LA VILLE DE LYON le 20. Mars 1660.

A LYON,
Par GVILLAVME BARBIER, Imprimeur ordinaire du Roy en la Place de Confort, & IACQVES IVSTET aussi Imprimeur.

M. DC. LX.

LETTRE DV ROY écrite à Monseigneur l'Archeuéque de Lyon, Primat de France, & Lieutenant General au Gouuernement de Lyonnois, au sujet de la publication de la Paix le 3. Février 1660. Ensemble l'Acte de ladite publication.

ONSIEVR l'Archeuéque de Lyon, chacun sçait auec quel soin & quelle application la Reyne Madame ma Mere a trauaillé lors de mon aduenement à la Couronne, pour rêtablir le repos & la tranquillité dans toute la Chrêtienté, qui en auoit été priuée par vne guerre ouuerte entre la France & l'Espagne depuis plusieurs années, & de laquelle ce Royaume auoit souffert beaucoup d'incommodités: Et quoy-que Dieu par les secrets de sa Prouidence n'ayt pas secondé en cela pendant ma minorité, les bonnes intentions de la Reyne madite Dame & Mere, & qu'il ayt permis qu'il soit suruenu dans mon Royaume de si grands mouuemens, qu'ils firent alors perdre toute l'esperance de paruenir à la Paix generale tandis qu'on les verroit durer; Ie n'ay pas laissé neantmoins de poursuiure vn dessein si glorieux, n'ayant rien obmis de tout ce qui étoit en mon pouuoir, pour surmonter les obstacles qui en pou-

uoient retarder l'execution : Et comme il a plû à la Diuine Bonté de me donner les succez que ie pouuois esperer pour le rêtablissement de la tranquillité dans mon Royaume, ainsi que pour releuer la reputation de mes Armes au dehors, & faire connoître à tout le monde que ie n'auois rien à craindre & beaucoup à esperer dans la continuation de la Guerre ; I'ay crû que ie ne pouuois mieux répondre aux benedictions qu'il auoit plû à Dieu de verser sur ma Personne, qu'en poursuiuant la Conclusion de la Paix, auec plus de zele & d'ardeur, que ie n'auois fait paroître auparauant ; En ayant été heureusement fait des ouuertures pour tenir des Conferances sur ce suiet du côté des Monts-Pirenées ; I'ay donné charge à mon Cousin le Cardinal Mazarini de s'y rendre, auec tout pouuoir de traiter & conclurre la Paix auec le premier Ministre & Plenipotentiaire de mon Frere & Oncle le Roy Catholique ; Ce qui a si bien reüssi, qu'en peu de temps, non seulement la Paix si vniuersellement desirée, a été concluë & signée en mon nom par mondit Cousin ; mais aussi le Contrat de mon Mariage auec ma Cousine la Serenissime Infante d'Espagne, Fille aînée de mondit Frere & Oncle le Roy Catholique : Mondit Cousin le Cardinal Mazarini ayant fait connoître en cette occasion, dans l'execution de mes Ordres, son zele & son affection singuliere pour Moy & pour mon Etat, & cette sage & prudente conduite dont i'ay ressenty depuis tant d'années des effets considerables par les grands & signalez seruices qu'il m'a rendus : Et comme cét éuenement est tres-important, & qu'il ne pouuoit rien arriuer de plus vtile aux peuples que la Paix, I'ay resolu de la faire sçauoir à tous ceux de mon Royaume & des Terres de mon obeissance, & ie vous addresse l'Acte de la publication, que ie veux en être faite, auec les Lettres que i'écris sur ce sujet aux Baillifs & Senéchaux de l'étenduë de vôtre Charge, lesquelles i'ay bien voulu accompagner de celle-cy, pour vous dire ; Que vous ayez à les leur faire rendre en diligence ; Que vous fassiez publier cette Paix dans tous les lieux où vôtre pouuoir s'étend ; Que vous teniez soigneusement la main à l'execution & obseruation d'icelle, en sorte que mes peuples en reçoiuent les auantages

auantages qu'ils en peuuent esperer, & que vous leur fassiez connoître qu'ils ont double sujet de s'en rejouir, en ce qu'on peut iuger qu'elle sera de longue durée, tant par la sincerité auec laquelle mondit Frere & Oncle le Roy Catholique s'y est porté, que pour l'affermissement que ce Grand Ouurage reçoit par mon Mariage, pour l'accomplissement duquel ie fais estat de me rendre dans peu de temps sur la Frontiere du costé des Pirenées où mondit Frere & Oncle le Roy Catholique se doit aussi treuuer pour le mesme effect. Mais parce que ie reconnois que Dieu seul est l'Autheur de cette Paix, & que ie desire luy faire rendre les graces qui luy en sont deues, mon intention est que vous fassiés celebrer pour ce sujet le plûtost que vous le pourrez, le TE DEVM *en vôtre Eglise Metropolitaine, & dans les autres de vôtre Diocese, auec toute la solemnité requise en pareille occasion; Que vous assistiez & teniez la main à ce que les Officiers du Corps de la Iustice assistent à cette Ceremonie; Que vous fassiez tirer le Canon, faire des Feux de ioye; & Qu'il soit donné en toutes les Villes, Places, & lieux de l'étendue de vôtre Charge, toutes les marques de ioye & d'allegresse publiques, que des euenemens si singuliers & si considerables requierent; Et ne doutant pas que vous ne satisfassiez auec beaucoup de zele & d'affection à ce que ie desire de vous en cette occasion; Ie ne vous feray la presente plus longue, que pour prier Dieu qu'il vous ayt, Monsieur l'Archeuêque de Lyon, en sa sainte & digne garde. Escrit à Aix le troisiéme iour de Féurier mil sixcens soixante.*

LOVYS

LE TELLIER

De

De par le Roy.

ON fait assauoir à tous, qu'vne bonne, ferme, stable, & solide Paix, auec vne amitié & reconciliation entiere & sincere, a été faite & accordee entre tres-haut, tres-excellent, & tres-puissant Prince LOVYS, par la grace de Dieu Roy de France & de Nauarre nostre Souuerain Seigneur; & tres-haut, tres-excellent, & tres-puissant Prince PHILIPPES, aussi par la grace de Dieu Roy Catholique des Espagnes, leurs Vassaux, Sujets & Seruiteurs en tous leurs Royaumes, Païs, Terres, & Seigneuries de leur obeissance, Que ladite Paix est generalle entr'eux & leursdits Vassaux & Sujets: Et qu'au moyen d'icelle, il leur est permis d'aller, venir, retourner, & sejourner en tous les lieux desdits Royaumes, Estats & Païs, negocier, & faire commerce de Marchandises, entretenir correspondance, & auoir communication les vns auec les autres, & ce en toute liberté, franchise, & seureté, tant par Terre que par Mer, & sur les Riuieres & autres Eaües, de deça & delà les Monts, & tout ainsi qu'il a esté & deu estre fait en temps de bonne, sincere, & amiable Paix, telle que celle qu'il a plû à la Diuine Bonté de donner ausdits Seigneurs Roys, & à leurs Peuples & Sujets: Et pour les y maintenir, il est tres-expressement defendu à toutes personnes de quelque qualité & condition qu'elles soient, d'entreprendre, attenter, ou innouer aucune chose au contraire ny au prejudice d'icelle, sur peine d'être punis seuerement, comme Infracteurs de Paix & Perturbateurs du repos public. FAIT à Aix le troisiéme iour de Feurier mil six cens soixante.

LOVYS.

LE TELLIER.

LES

LES REIOVISSANCES DE LA PAIX, FAITES A LYON POVR Sa publication au mois de Mars de l'année mil ſix cens ſoixante.

VOICY vn ſpectacle digne des yeux de tous les peuples, & vn triomphe digne de la pieté & de la valeur d'vn Monarque. Nos craintes ſont enfin changées en autant de belles eſperances, que nous auons reſſenty de maux durant vne longue & cruelle guerre, qui a épuiſé le ſang le plus pur de deux Royaumes, & enleué la fleur de la plus vaillante nobleſſe. Les acclamations publiques ſuccedent aux larmes, & aux ſoupirs, & les trompettes, dont l'air retentit en tant de lieux, ne ſont plus les funeſtes bouches d'airin, qui ne preſageoient que la mort & le carnage. Les feux que nous allumons ne font plus la deſolation des Villes & des Prouinces, & le bruit des canons donne à preſent plus de ioye que de terreur.

La Paix attenduë depuis ſi long-temps, & deſeſperée tant de fois durant les troubles de nos dernieres guerres ciuiles, vnit enfin deux illuſtres Ennemis, pour faire le bon-heur de leurs ſujets; & le ſang de France s'allie au ſang d'Eſpagne, pour arreſter les ruiſſeaux de celuy qui a ſouuent enflé nos riuieres, & arroſé nos campagnes.

Cette Ville, qui a toûjours conſerué ſon repos durant les agitations de l'Eſtat, s'abandonne maintenant aux mouuemens les plus doux de la ioye, & pour couronner l'appareil de toutes les feſtes pu- *Pax exultatio infinita prouinciarum Ennod. in*

 bliques,

bliques du Royaume par vne magnificence digne du bien-fait qu'elle reçoit de son Souuerain, elle a donné plusieurs iours à vne pompe, qui est le premier fruit d'vne Paix, qui sera de longue durée. Il y a long-temps que l'Europe n'a point eu de ioye plus legitime que celle-cy, qui vnissant les cœurs de tant de peuples, ouure toutes leurs bouches pour benir le Ciel de la faueur qu'ils ont receuë, & fait retentir dans toutes les Villes les noms glorieux de deux Monarques Pacifiques, iusqu'à rendre les rochers sensibles à nostre bon-heur, dont-ils repetent les saillies.

vita Epiph. c. 21. Gaudÿ materia, & argumentũ Chrysost. homil. 3. ad Coloss.

L'absence de nôtre incomparable Prelat a retenu nos empressemens, & si nous auons été des derniers à rendre ce deuoir public, ce n'a été que pour le faire à la vüe de cette intelligence, qui regle tous nos mouuemens. Cette ceremonie auroit eu beaucoup moins d'éclat, si elle n'eut été honorée de sa presence, & comme nous deuions à ses soins la Paix, dont nous auons joüy durant les derniers troubles, il étoit iuste qu'il en acheuat toute la gloire, & qu'il en receut les premieres marques de nos reconnoissances.

Ce delay a fauorisé nôtre dessein, nous auons finy la plus incommode des saisons par l'extinction de nos malheurs, nous auons consacré le mois de Mars à la Paix, pour seruir d'heureux augure au repos des peuples : nous auons mélé l'oliue de nôtre Monarque Pacifique aux palmes du triomphe de IESVS-CHRIST; & par vne rencontre d'autant plus heureuse, qu'elle semble vn oracle du S. Esprit: nous auons applaudy au bon-heur de la France en chantant auec l'Eglise, *Ecce Rex tuus venit tibi mansuetus.* Voicy ton Monarque qui retourne de la plus glorieuse de ses entreprises. Ce n'est plus vn Roy armé de fer & de feu, ce n'est plus vn Roy terrible & menaçant; c'est vn Roy Pacifique & debonnaire. La Victoire ne fera plus marcher de dépoüilles deuant luy pour l'annoncer sa venuë, mais la Paix & l'Amour feront marcher à sa suite toutes les Prouinces deliurées, & lieront à son char tous les cœurs de ses sujets. On ne luy dressera pas des arcs de triomphe où ses beaux exploits soient grauez sur le marbre, & sur l'airin, mais toutes les voûtes de nos Eglises retentiront d'Hymnes & de Cantiques sacrez. Les Graces luy offriront à pleines mains des fleurs, & du mirthe pour ses lauriers, & l'auguste beauté qui doit partager son trône apres auoir vny les deux Partis, fera la plus belle pompe de son triomphe. L'Espagne, qui n'auoit encore aucun aduantage sur les armes de ce jeune Prince, & qui malgré les diuisions intestines du Royaume, auoit vû ses Prouinces demembrées, & ses villes emportées, se réjoüit d'auoir trouué des armes, qui puissent vaincre vn Monarque inuincible, & desarmer vn Conquerant. Graces à l'amour, cette nation si long-temps bâtuë, a fait sa conquête du plus

Le Te Deum chanté le iour des Rameaux.

plus genereux des Heros, & les images de Therese ont fait ce que les Armées les plus nombreuses n'auoient iamais tenté sans peril. Le Victorieux a receu les aymables chaînes de son Ennemie, & sans rien perdre de sa fortune dans de si beaux fers, il a fait sa captiue de sa victorieuse. Il faut pourtant que la moitié de sa couronne soit la rançon de son cœur prisonnier, qui apres l'échange de celuy de sa conquête, ne trouuera plus de liberté assez douce, pour trauailler à son élargissement.

Nôtre joye n'a plus d'eloges assez Heroïques pour publier la moderation d'vn Prince, qui vient d'arracher les ailes à sa fortune, & d'enchaîner sa victoire, pour faire le repos de ses sujets aux dépens de ses auantages. Nos frontieres, que les dernieres guerres ont desolées, le nomment leur Liberateur. Les Ennemis loüent sa generosité; les Rebelles rêtablis, publient hautement sa Clemence; & les epithetes magnifiques d'*Auguste*, de *Hardy*, de *Debonnaire*, de *Grand*, de *Sage*, de *Beau*, de *Prudent*, de *Magnanime* & de *Iuste*, que ses Ancêtres ont portés, font les titres de toutes ses images, & les inscriptions des monumens publics que toute la France luy dresse. Il n'en est aucun neantmoins, qui luy soit plus glorieux que celuy de Pacifique: Et si le plus jeune & le plus courageux de nos Louys, prenoit autrefois cette qualité entre ses titres, en se souscriuant *Louys Roy de France, & Duc d'Aquitaine, Fils de la Paix & de l'Eglise.* Celuy-cy peut ajoûter à son titre de Fils aisné de l'Eglise, celuy de *Pere de la Paix*, & de *Liberateur des Peuples.*

Loüys le ieune en vne chartre de l'Abbaye de Barbel. Roüillard hist. de Melun p. 331.

Monseigneur nôtre Archeuêque ayant (en suite de la Lettre du Roy, qui luy commandoit de faire publier la Paix) donné ses Ordres pour qu'elle le fût en cette Ville, Messieurs du Presidial, apres auoir oüy les Conclusions des Gens du Roy, & vne Harangue eloquente prononcée par Monsieur Boüilloud Aduocat du Roy, en firent la Publication en méme temps, dans l'Audiance publique, aux fanfares des Trompettes, qui furent interrompuës des cris de VIVE LE ROY.

L'aprédiné on fit cette méme publication dans diuerses Places de la Ville en cét ordre. Messieurs du Siege Presidial vêtus en robes rouges, auec Messieurs les Preuost des Marchands, Escheuins, & autres Officiers du Corps de Ville, vêtus de leurs habits de ceremonie, commencerent à faire publier la Paix à la porte du Palais, par Angoulême Heraut d'armes, vêtu de sa cotte d'armes violette à fleurs de lys d'or, auec son émail & son bâton fleurdelisé. Apres quoy ils marcherent tous en caualcade en bel ordre par toute la Ville.

Le Cheualier, & Capitaine du Guet, Noble Iean Baptiste Farjot, Seigneur

Seigneur de S. Hilaire, Conseiller & Maître d'Hôtel ordinaire du Roy, Exconsul, marchoit en tête de toute sa Compagnie de trois cens hommes lestement armés; au milieu de laquelle marchoit Noble Iean Baptiste de Seuelinges Ecuyer, Sieur de l'Etrette, Gentilhomme ordinaire de la Chambre du Roy, Capitaine au Regiment de Guize, & Capitaine Lieutenant de la Compagnie de Monsieur le Cheualier du Guet. Elle étoit suiuie des Sergens Royaux & Huissiers du Siege, montés à cheual, portans leurs verges fleurdelisées. Les Mandeurs de Ville, vêtus de leurs robes violettes, à la manche aux Ecussons de la Ville en broderie d'or & d'argent, & mêlés aux Greffiers & autres Officiers du Presidial, precedoient le Heros d'armes, accompagné de huit trompettes vêtus des liurées du Roy & de la Ville; en suite desquels paroissoit le Presidial auec le Corps de Ville à sa gauche, tous montés sur des cheuaux blancs à la housse de velours noir en broderie, trainante iusqu'en terre. Ils marchoient en cét ordre.

Au premier rang

Messire Pierre de Seue, Baron de Flecheres, de Saint André du Coing, & Limonés, Villette & Grelonges, Conseiller du Roy en ses Conseils d'Estat & Priué, President & Lieutenant general en la Senêchaussée, & Siege Presidial de Lyon.

Messire Gaspard de Monconis, Seigneur de Liergues & Poüilly, Conseiller du Roy en ses Conseils & son Lieutenant general criminel en la même Senêchaussée & Siege Presidial.

Messire Hugues de Pomey, Seigneur de Rochefort, les Sauuages & Rancée, Conseiller du Roy en ses Conseils, Preuost des Marchands.

Au second rang.

M. Marc-Antoine du Sauzey Seigneur de Iarnosse, Varennes, la Molliere, Conseiller du Roy, Lieutenant particulier en la Senêchaussée & Siege Presidial.

M. Gaspard Charrier Conseiller du Roy en ses Conseils, Lieutenant particulier, Assesseur criminel en la même Senêchaussée & Siege Presidial.

M. Marc-Antoine Mazenod, Seigneur de Panezin, premier Echeuin

Au troisiéme rang.

M. Izaac Congnain Ecuyer, Conseiller du Roy, Magistrat en la Senêchaussée & Siege Presidial de Lyon.

M. François

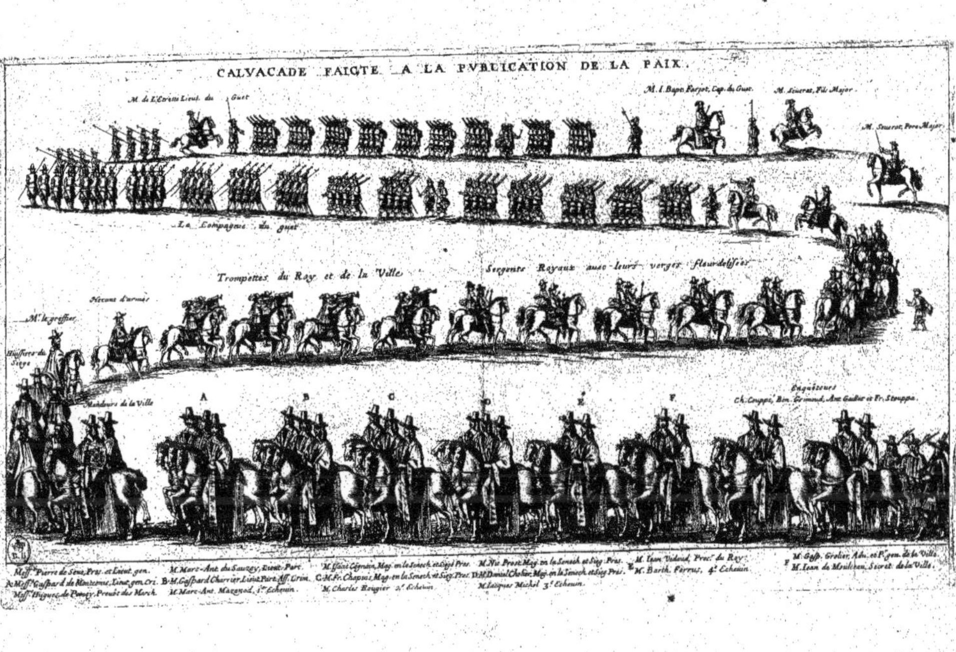
CALVACADE FAICTE A LA PVBLICATION DE LA PAIX.
M. I. Bapt. Farjot, Cap. du Guet.
La Compagnie du guet
Trompettes du Roy et de la Ville
Sergents Royaux avec leurs verges fleurdelisées
Herauts d'armes
M. le greffier
Huissiers du Siege
Mandeurs de la Ville
A
B
C
D
E
F
Enquêteurs
Messr. Pierre de Seve, Pres. et Lieut. gen.
A Messr. Gaspard de Monconis, Lieut. gen. Cri.
Messr. Hugues de Pomey, Prevôt des March.
M. Marc-Ant. du Sauzey, Lieut. Part.
B M. Gaspard Charrier, Lieut. Part. Ass. Crim.
M. Marc-Ant. Mazenod, 1er Echevin.
C M. Fr. Chapuis, Mag. en la Senech. et Sieg. Pres.
M. Charles Rougier 2e Echevin
M. Nic Prost, Mag. en la Senech. et Sieg. Pres.
D M. Daniel Cholier, Mag. en la Senech. et Sieg. Pres.
M. Iacques Michel 3e Echevin.
M. Iean Vidaud, Proc.r du Roy.
E M. Barth. Ferrus, 4e Echevin
M. Gasp. Grolier, Adu. et P.r gen. de la Ville.
F M. Iean de Moulceau, Secret. de la Ville.

M. François Chapuis, Seigneur de la Fay & Laubepin, Conseiller du Roy en la Senêchaussée & Siege Presidial de Lyon.

M. Charles Rougier, Ecuyer, Conseiller du Roy en la Senêchaussée & Siege Presidial de ladite Ville, second Escheuin.

Au quatriéme rang.

M. Nicolas Prost Ecuyer, Conseiller du Roy en la Senêchaussée & Siege Presidial de Lyon.

M. Daniel Cholier Ecuyer, Conseiller du Roy en la Senêchaussée & Siege Presidial de Lyon.

M. Iacques Michel Seigneur de la Tour de Champ, troisiéme Echeuin.

Au cinquiéme rang.

M. Iean Vidaud Seigneur de la Tour, Conseiller du Roy en tous ses Conseils & son Procureur en la Senêchaussée & autres Iurisdictions Royales de la Ville de Lyon.

M. Barthelemy Ferrus, Conseiller de sa Majesté, Controolleur des rentes Prouinciales en la Generalité de Moulins, quatriéme Echeuin.

Au sixiéme rang.

M. Gaspard Grolier, Ecuyer, Auocat & Procureur general de la Ville.

M. Iean de Moulceau, Ecuyer, Secretaire de la Ville de Lyon & Communauté d'icelle.

Au septiéme & huictiéme rang

Messieurs Charles Couppé, Benoist Grimaud, Antoine Gaillat & François Stouppa, Enquesteurs.

Messieurs Seuerat Pere & Fils exerçoient la charge de Major, dont ce dernier a la suruiuance.

Leur marche se fit au milieu de la Bourgeoisie rangée sous les armes dans les Places, où elle formoit vne double haye, & on alla en cét ordre en la Place des Terreaux deuant l'Hôtel de Ville, qui étoit gardé par Monsieur Grolier, Seigneur de Cazault, Capitaine de la Ville de Lyon, qui commandoit la Compagnie des trois cens Arquebusiers, au milieu desquels la Paix fut publiée par Monsieur le Vefve Greffier, apres que le Heros eut fait crier VIVE LE ROY. On fit le même dans les Places des Cordeliers, de Bellecourt, de Confort, de l'Herberie, du Change & de S. Iean. La décharge de la mousqueterie ſuiuit cette Publication dans tous les Quartiers, outre le carillon des cloches & le bruit des mortiers & des canons.

On vit au temps de cette Publication deux beaux arcs-en-ciel, qui parurent aſſez longtemps, & qui furent des témoignages éclatans de l'approbation que le Ciel donnoit à cette action, & d'illuſtres preſages du bon-heur de la Paix.

Le landemain iour des rameaux, & le vingt-vn du mois fut deſtiné aux actions de graces qu'on rendit au Ciel pour vne faueur ſi ſignalée. On chanta à l'iſſuë de Vêpres le *Te Deum* dans l'Egliſe Cathedrale, auquel aſſiſta Monſeigneur nôtre Archeuêque, qui officia auec Meſſieurs les Comtes. Le Preſidial, le Corps de Ville, les Treſoriers, & les Eleus y furent preſens. Et le fanfare des trompettes, qui retentît dans cette Egliſe, auec la décharge des boëtes & des canons, ouurirent les cœurs de tous les Citoyens à la ioye. Les Fontaines de vin qui coulerent durant cette réjoüiſſance, donnerent occaſion à tout le Peuple de boire à la ſanté de ſa Majeſté, & de noyer dans cette liqueur toutes les amertumes des maux paſſés. Elles étoient toutes à quatre grands tuyaux, qui ſortoient d'autant de meuffles de Lions.

Sur les neuf heures du ſoir, Monſeigneur l'Archeuêque aſſiſté de Meſſieurs les Preuoſts des Marchands & Eſcheuins, mit le feu à la Machine dreſſée ſur le Pont, tandis que douze Penonnages ſous les armes en gardoient les auenuës & bordoient les deux Quays de la riuiere. L'appareil de la Machine demande vne deſcription particuliere, comme le ſuccez de l'Artifice exige qu'on loüe les ſoins & l'adreſſe du Sieur Bergeret Artificier ordinaire de la Ville.

DESCRI

VIVE LE ROY
N. Auroux fecit

DESCRIPTION DV FEV D'ARTIFICE *dreßé sur le Pont de Saône.*

LEs Elemens qui seruent à toutes les productions de la nature, Contribuent au bon-heur des peuples, & à la gloire des Conquerans. Ceux qui les ont eu à leurs gages, ont remporté sans beaucoup de peine des Victoires, qui auroient lassé plusieurs Souuerains & épuisé plusieurs Prouinces.

Ces quatre grands Ouuriers des merueilles de la nature, trauaillent incessamment à la gloire de nôtre incomparable Monarque. La Terre s'épuise en fleurs & en couronnes, elle fait tous les iours des lauriers & des palmes pour ses triomphes, & sans gemir sous le poids de ses trofées, elle ouure son sein pour fournir des materiaux au Temple que l'Honneur & la Vertu luy dressent dans le cœur de ce Royaume. L'Air qui porte iusqu'au bout du Monde le bruit de ses victoires, & la reputation de ses armes, fait oüir son nom par la bouche des trompettes, & par toutes les langues artificielles de la musique. L'Eau qui sert de champ de bataille aux armées flottantes, a rougi du sang des ennemis qu'il a défait. Le Feu tout ardant qu'il est, auoue qu'il est moins agissant que ce ieune Prince, & les mouuemens qui l'agitent sont des marques irreprochables de l'empressement qu'il a de s'employer au seruice d'vn Heros, qui fait les delices du monde.

Cet auguste Triomphateur les destine à de meilleurs vsages, il en fait des Heros de Paix, & les truchemens éloquens de l'amour qu'il a pour les peuples. Il ne s'en sert plus pour donner de la terreur, il en fait les interpretes des ioyes publiques, & ce Monarque desarmé commande qu'on addoucisse leur fierté, pour en faire les instrumens innocens de la felicité de ses sujets.

Le Feu, qui a eu le plus de part dans les guerres qu'il a faites, fait les premiers presages de la Paix, & comme il tient le rang le plus haut dans l'ordre du monde, il a l'auantage sur tous les autres en ces réjouissances publiques. Son éclat porte d'abord dans les yeux des etincelles de lumiere, qui sont les premieres auances du plaisir, & sa chaleur ouure le cœur aux plus belles saillies de la joye. Il n'est rien de plus liberal que luy, il communique ses qualités à tout ce qui l'approche, & fait des profusions continuelles de ses lumieres. Il n'est rien de plus agissant, il est dans de continuelles inquietudes, il s'attache à tous les corps, il trauaille sur toute sorte de matiere, & transforme en sa substance tout ce qu'il penetre. Ses operations sont les miracles de l'Art & de la Nature. Il change le sable en crystal, les poisons en remedes, les fleurs en essences, & la terre en or. Il nous empeche d'étre aueugles la moitié de nôtre vie. Il brille

brille dans les Astres, il êtincelle dans les rubis, il petille dans les yeux des Lions, il s'insinuë dans leurs moüelles, & il trauaille dans tous les cœurs. Sa chaleur luy tient lieu de mains, sa flâme de langue, sa lumiere d'yeux, & sa legereté de pieds. Il est terrible dans les mines, paisible dans le Ciel, sacré dans nos mysteres, vtile dans nos maisons, & dangereux dans les armées. Mais il est aimable à present qu'il ne sort de la bouche des canons que pour annoncer le repos, & qu'il ne paroit dans les places publiques, que pour y dissiper les tenebres de la discorde, & pour allumer dans les cœurs des Citoyens des êtincelles d'amour & de reconnoissance.

Cette Ville, pour donner vne grace particuliere à la ioye, qui luy est commune auec toutes les autres du Royaume, a choisi vn dessein illustre, pour exprimer ses sentimens d'allegresse auec plus d'esprit & de pompe: Et cõme elle ne forme que des hautes idées de la vertu de Sa Majesté sur les plus belles ébauches de l'histoire, LE TEMPLE DE IANVS FERMÉ est le sujet qu'elle a choisi pour apprendre à tous les François qu'il ne falloit pas moins qu'vn Auguste pour le fermer. En effet on n'a iamais vû des Princes timides donner la Paix: Ce n'est que des mains des Heros qu'on la reçoit, & l'oliue n'a iamais couronné d'autres testes, que celles que la victoire auoit déja couronnées de palmes & de lauriers. Il n'est que les Numas, les Augustes, & les Antonins, qui portent le nom de pacifiques chez les Romains; la Grece ne l'a donné qu'à ses Liberateurs, & nos Annales en font seulement la gloire de Charlemagne, de Philippe Auguste, de S. Loüis, & de Henry le Grand. Nos autres Monarques ont esté victorieux, debonnaires, hardis, sages, iustes, & courageux; mais la fortune leur a enuié ce bonheur qu'elle refusa au premier des Cesars, & à tous les autres Fondateurs des Monarchies.

Cette gloire estoit reseruée à la pieté, & à la valeur du jeune Prince que le Ciel nous a donné, il fut le fruit glorieux des vertus & des triomphes de son Pere, & la Paix est celuy de ses premiers trauaux. C'estoit à Loüis Auguste de fermer ce Temple, que son Pere auoit ouuert pour defendre ses droits: il n'est pas moins victorieux que luy, & ce dernier triomphe, qu'il a remporté de son courage doit faire vn iour dans l'histoire le plus beau trait de son image. Nous grauerons sur toutes les bases de ses statuës l'eloge racourcy que Rome graua sur les arcs de triomphe de Constantin LIBERATORI ET FVNDATORI QVIETIS. Et nous adioûterons au glorieux tiltre de Fils aisné de l'Eglise celuy d'enfant de Dieu.

Pacifici, filij Dei vocabuntur.

Que l'on flatte sa valeur des esperances incertaines de la conqueste du monde, celle qu'il a faite est plus glorieuse, & l'Empire des cœurs est vn Empire plus grand & plus noble, que toute la terre soûmise.

Le

Le pont qui ioint les deux parties de cette Ville est le lieu, que l'on a choisi pour dresser la Machine de ce Temple, afin que tous les yeux des Citoyens pûssent auoir part à vne ioye, qui leur est également auantageuse, & que ce milieu de la Ville (qui en est comme le cœur) exprimat par des feux d'artifice, ce qu'vn feu plus doux fait dans les cœurs des Lyonnois. C'est en ce méme lieu que l'on dressa le Temple de la Vertu à l'entrée de Louys le Iuste, & le Temple de la Guerre ne luy a succedé, que pour être la premiere victime de la Paix, & le premier trophée de la valeur tranquille de nôtre Monarque. En voicy le sujet & l'occasion.

Les Sabins ayant declaré la guerre aux Romains apres l'enleuement de leurs femmes, affoiblirent cette Monarchie naissante, & obligerent Romulus de faire la Paix auec eux. Il la iura solemnellement auec Tatius leur Chef, & vn Temple dressé à Ianus en fut vn gage eternel à ces deux peuples vnis. Numa Pompilius en regla depuis les ceremonies, & le consacra à la Guerre. On y offroit des Sacrifices pour l'heureux succez des armées, & les victorieux y rendoient graces aux Dieux pour les batailles gagnées & pour les ennemis défaits. Il ne fut iamais fermé que trois fois, la premiere sous les Roys durant le regne de Numa, la seconde sous les Consuls, & la troisiéme sous les Empereurs, apres qu'Auguste fut retourné victorieux de Marc-Antoine.

Cette Ville qui ne la point vû ouuert pendant les guerres du Royaume, le void brûler à present par vn Louys Auguste & par des Consuls vigilans.

Ce Temple que les histoires nous ont décrit étoit representé d'vne forme quarrée, qui répondoit aux quatre parties du monde: il auoit autant de portes par où les peuples venoient offrir des sacrifices pour le succés de leurs combats, & presenter les dépoüilles qu'ils auoient remportées sur leurs ennemis. Plutarque ne luy en donne que deux en l'eloge de Numa, où il dit *Templum est eius bifore, quod Martis Ianuam vocant. Hoc aperiri bello & claudi pace compositâ solenne est. Quod quidem *difficilis est exempli & rari.* Neantmoins les autres Autheurs luy en donnent quatre, & Ianus en a eu chez les Anciens le nom de *Quadriformis*. C. Bassus en son Liure des Dieux, dit *Ianus Bifrons Superûm atquè Inferûm Ianitor, idem quadriformis quasi vniuersa climata maiestate complexus.*

La statue de ce Dieu paroissoit au milieu de ces quatre portes, éleuée sur vne base quarrée, où l'on voyoit des serpens pliez en rond, qui mordoient leur queuë, & qui faisoient le Symbole de l'Eternité, comme la figure quarrée l'est de la fermeté; pour apprendre aux peuples que cette Paix, que les deux Ministres ont traitée auec tant de prudence, sera vne Paix de durée.

Cette Diuinité que les Anciens nous ont repreſentée à deux teſtes iointes ſur vn meſme corps, exprime aſſez bien l'vnion de ces deux Miniſtres pour le bien public, comme elles ont autresfois ſignifié l'vnion des Romains & des Sabins. Quoy qu'on ait donné diuers autres ſens à cette Image, nous nous attachons preſentement à celuy-cy, ſans nous mettre en peine des autres rapports ingenieux que les Poëtes ont trouué ſur cette figure.

La Couronne qu'elle porte eſt la marque de la dignité Royale de Ianus, qui commanda dans l'Italie, auſſi tient-il de la droite le bâton de Commandant & de la gauche vne clef, qui n'eſt pas moins à preſent la clef des cœurs, que celle de l'année & de l'abondance,

Ille tenens baculum dextrâ clauemque
ſiniſtrâ. Ouid. Faſt. 1.

Les quatre portes étoient ornées de feſtons, & des figures des douze mois, qui compoſent l'année, auec les images des douze Signes, que des Girandoles faiſoient mouuoir.

Il reſte encore quelques maſures de ce Temple au marché des bœufs à Rome, & voicy ce que Pompilio Totti en dit en ſa Rome Antique, où il en repreſente la figure,

Vedeſi preſſo al foro Boario vicino alla chieſa di S. Georgio vn grande edificio di marmo, a guiſa di vn portico quadro, pero che egli ha quattro porte, e quattro faccie, queſte, ſeguitando la maggior parte de gli ſcritori, diremo che era tempio di Giano, e quel che lo fa credere, é che Giano ſi figura per il tempo e queſto ſuo tempio con quattro porte ſignificano le quattro ſtagioni dell'anno, vedonſi a ciaſcuna porta quattro Nicchi a dimoſtrare gli dodici meſi in che egli é partito.

Mais quand il ne nous en reſteroit aucun autre veſtige, que ce qu'Ouide en a écrit au premier des Faſtes, ce ſera vn Temple immortel.

Dans les plates bandes des quatre faces on liſoit les inſcriptions qui expliquoient le ſuiet, & qui inuitoient les peuples à la ioye, il y en auoit deux Françoiſes, & quatre Latines. Celle qui regardoit l'Egliſe S. Niſier eſtoit conceüe en ces vers.

SI IADIS VN CESAR FERMA L'AVGVSTE TEMPLE
DV DEMON DE LA GVERRE, ET FIT NAISTRE LA PAIX,
DV FLAMBEAV DE L'AMOVR VN PRINCE SANS EXEMPLE
LE BRVLE MAINTENANT POVR NE L'OVVRIR IAMAIS.

Celle qui étoit oppoſée à la Place du Change diſoit ainſi,

QVITONS

QVITONS LE SOVVENIR DE NOS TRAVAVX SOVFERTS,
ET PRES D'VN FEV SI BEAV SECHONS TOVTES NOS LARMES:
VVLCAN ARRESTE MARS, IL LE TIENT DANS SES FERS
ET NE TRAVAILLE PLVS A LVY FAIRE DES ARMES.
LOVYS ERIGE SON TEMPLE, ET CE ROY GLORIEVX
NE VEVT PLVS POVR AVTELS QVE NOS COEVRS ET NOS YEVX.

Les Latines étoient placées des deux côtez de la Riuiere, & étoient exprimées en ces mots.

I.

SEDATIS TANDEM BELLORVM INCENDIIS
FESTIVOS IGNES EXCITA GALLIA,
VT ILLVCEAT ORBI QVIES.
NOVA EFFICE SIDERA FELICITATIS TVÆ
HOROSCOPO
ET MISSILIBVS IGNIVM LINGVIS
PVBLICA GAVDIA POPVLIS GRATVLARE.

II.

SPERATE FAVSTA PACIS AVGVRIA: L'an Bissextil.
EX QVO COEPIT FELICITATIS ANNVS
RELIQVIS ESSE PRODVCTIOR.
MALORVM DAMNA
COMPENSATE PVBLICIS GAVDIIS;
DIES FASTIS ADDITA
PACIS NOMINE CONSECRETVR.
ET LAPILLO NOTANDA CANDIDO, VNIONE SIGNETVR.

III.

MARTIS HÆC PYRA FAX HYMENÆI EST
QVAM E LVDOVICI PECTORE
VIVAX AMORIS FAVILLA ACCENDIT.
INSIGNITE PACIFICO REGIS NOMINE
MENSEM ALIAS MARTIVM NVNC AVGVSTVM
VER AVSPICAMINI NON ARIETIS FACIBVS
SED AMORIS. Lugdunum lucis dunum.
SIC MELIORI NOMINE LVGDVNVM ERIT
CIVITAS LVCIS NON LVCTVS.

IV.

CINERIBVS NVPER DIEM SACRAM FECERIT
METANOEA
HANC TOTAM FESTIS IGNIBVS CONSECRANT
LVGDVNENSIVM VOTA.
DATE VENTIS CINERES POPVLI,
NE FELICI E BVSTO
BELLORVM HYDRA REPVLLVLET.

Sur les frontons étoient placées les quatre saisons auec leurs ornemens ordinaires. Vne seconde ordonnance de colomnes & de pilastres s'éleuoit sur ces quatre arceaux, d'où Mercure suspendu en l'air descendoit en terre, pour apporter les heureuses nouuelles de la Paix. L'Architraue de cét ordre soûtenoit trois marches, sur lesquelles estoit posée vne base triangulaire, accompagnée de trois Graces, & sur cette base étoit posée la Nymphe Amalthée, qui soûtenoit sa corne d'abondance, & qui apportoit le rameau d'oliue pour gage de la Paix. Elle faisoit le couronnement de tout l'ouurage, qui auoit quatre vingt pieds de haut.

Cette base étoit ornée de trois deuises, qui faisoient allusion à sa Majesté, qui nous a donné la Paix.

La premiere estoit vne fusée allumée auec ces mots Italiens *quel che m'auuiua m'affoga*, celuy qui m'allume me détruit, pour dire que Sa Majesté apres vne illustre guerre qui luy a esté auantageuse, l'a fait cesser, pour donner la Paix à ses Sujets, comme le feu, qui allume la fusée, la consume, & la détruit.

La seconde estoit vn Phenix, qui sortoit de son bucher, & qui prenoit l'essor, pour s'aller exposer aux rayons du Soleil, & ces mots Espagnols luy seruent d'ame.

D'vnas llamas a otras.

D'vn feu à l'autre. Le feu de l'amour ayant enfin trouué entrée dans le cœur de nôtre Monarque, en a fait sortir celuy de la guerre.

La troisiéme estoit vn éclair accompagné de ces mots TERRET SED NON DIV. Le feu de la fierté n'a pas long-temps duré dans nôtre Monarque, il luy fait succeder le feu de l'amour, qui est vn feu plus tranquille, & plus serein.

Toute la machine faisoit le corps d'vne autre deuise, dont l'ame étoit conceuë en ces mots Espagnols.

De mis llams el gozo.

De mes flâmes la joye. En effet la cessation de la guerre, & sa ruine est la ioye des Peuples, comme nous appellons feux de ioye ces Machines, que nous reduisons en cendres dans les réjoüissances publiques.

Les ornemens des frises, & des panneaux estoient des cornes d'abondance, des armes brisées, des guirlandes de fleurs, des caducées, des fleurs de lys enlassées de branches d'oliuier, & quantité d'autres Symboles propres de la Paix.

L'Artifice commença par la décharge de la Guerre, de l'Heresie, de la Discorde, & de la Reuolte, qui s'efforçoient d'empêcher qu'on ne fermat les portes du Temple; mais aussi tôt que Mercure descendit, les quatre portes s'abattirent auec grand fracas.

Le

Le Pont dont on auoit abbatu les parebandes pour donner lieu à toute la largeur de la machine, étoit bordé d'vn côté, & d'autre d'artifices, & de plusieurs décharges de fusées: apres le fracas qui se fit à la clôture du Temple, vn feu plus clair, & plus serein, éclaira tout le haut de la Machine, où estoient les Symboles de la Paix, & vne pluye éclatante d'estoiles fit paroistre vne grande multitude d'astres errans, dont la cheûte ne presageoit rien de funeste. L'artifice dura vne heure entiere auec des décharges continuelles.

Les armes du Roy, de Messeigneurs nos Gouuerneurs, & de la Ville furent representées par des lances à feu, & l'on y leut distinctement des deux côtez VIVE LE ROY, écrit par quatre cens lances à feu.

Enfin nous pouuons appliquer à cette réjoüissance ce qu'Ouide écrit en ses Fastes de la feste de Ianus.

Prospera lux oritur; linguisque, animisque fauete:
Nunc dicenda bono sunt bona verba die.
Lite vacent aures, insanaque protinus absint.
Iurgia, differ opus liuida turba tuum.
Cernis odoratis vt luceat ignibus æther,
Et sonet accensis spica Cilissa focis,
Flamma nitore suo templorum verberat aurum,
Et tremulum summâ spargit in æde iubar.

La course de Bague.

LE Lundy 22. Monsieur de Forestier Ecuyer de la grande Ecuirie du Roy, tenant Academie Royale en cette Ville, parut sur la carriere dressée par l'ordre de Messieurs les Preuost des Marchands, & Echeuins en la Place de Bellecour, auec trente Gentils-hommes, montés sur de tres-beaux cheuaux. Ils coururent la bague, en presence de Monseigneur nôtre Archeuesque, de Messieurs les Preuost des Marchands & Echeuins, & de grand nombre de Seigneurs & Dames de consideration.

Voicy les noms des Gentils-hommes, qui coururent, pour le prix donné par Messieurs les Preuost des Marchands & Echeuins.

M. Le Baron de Roussillon, de Bourgogne.
M. le Comte de walterskirken de Vienne en Austriche.
M. le Baron de Queriere de Viuarets.
M. de Champerny, Page de Monseigneur l'Archeuesque.
M. de Gresolles, Page de Monseigneur l'Archeuesque.
M. de Seuelinges, Page de Monseigneur l'Archeuesque.
M. le Baron de Fredeuille d'Auuergne.
M. le Comte de Saltzbourg, de Vienne en Austriche.

M. de Guillaumont, Gentil-homme Prouençal.

M. de Chateau-neuf, Gentil-homme du Comtat.

M. le Baron de Sainte Helene, fils de M. le Comte de la Valdisere en Sauoye.

M. de Vedrines Gentil-hommed'Auuergne.

M. d'Auxon, Gentil-homme Comtois.

M. de Baratier Gentil-homme Lyonnois.

M de Ville-neufve, Gentil-homme Prouençal.

M. de Fourbin, Gentil-homme Prouençal.

Messieurs les Barons de la Bussiere freres, Gentils-hommes Lyonnois.

Ce furent ceux qui coururent la bague. M. de Seuelinges page de Monseigneur l'Archeu que fut celuy qui gagna le prix d'vne tres-belle épée, & d'vn fort riche baudrier.

La lice fut ouuerte sur les deux heures apres midy, & apres auoir pris les mesures, on fit trois courses, Huict Trompettes animoient en cette action, & fanfaroient agreablement apres chaque dedans. Enfin chacun loüa l'addresse de ces Gentils-hommes, & les soins de M. de Forestier, que le Roy auoit déja loüé durant son sejour en cette Ville, allant souuent en son Academie assister aux exercices, que sa Majesté faisoit aussi elle mesme faire à ses Mousquetaires, & à son Regiment des Gardes.

Les Gentils-hommes qui estoient autour de la carriere furent.

M. de Luzy, Gentil-homme de Viuaretz.

M. des Escures, Gentil-homme de Bourbonnois.

M. de Rochebonne, Gentil-homme Lyonnois.

M. de Chauanieu, Gentil-homme Lyonnois.

M. de Chansay, Gentil-homme de Beaujolois.

M. de l'Auloire, Gentil-homme de Viuaretz.

M. de S. Hilaire, Gentil-homme de Normandie.

M. de Viterole, Gentil-homme de Dauphiné.

Les Reioüissances particulieres.

Tous les Quartiers de cette Ville ont donné des marques particulieres de leur ioye, & pour le faire auec plus de soin, ils ont voulu que leur dépense ne fut pas seulement magnifique, mais encore ingenieuse. C'est pourquoy outre les tables dressées dans les Places & dans les ruës, chacun a fait vn feu d'artifice, & tous ont choisi des sujets differens, pour donner plus de varieté à ces diuertissemens. Nos Magistrats, pour faire durer plus long-temps des rejoüissances si belles, assignerent deux iours à ces artifices, apres que le grand eut été fait,

Fol. 25.
L
W
B.R

fait: Et comme la Ville est diuisée en deux par la Saone, on donna le Lundy 22. du mois au côté de l'Eglise saint Iean, & le Mardy suiuant au côté de l'Eglise S. Nisier. Tous les Penonnages de ces deux moitiés de Ville furent sous les armes durant le iour, & aussi-tôt que la nuit fut venuë, on vit toute cette grande Ville en feu, par la multitude des lanternes, dont toutes les fenestres des maisons étoient éclairées; les vnes figurées en fleurs de lys, en écussons des armes de France, en couronnes, en guirlandes d'oliuier, en cœurs, & en cent autres manieres. Les cordons de plusieurs bâtimens étoient bordez d'vn grand nombre de lamperons, & l'Hôtel de Ville brilloit de tant de feux, & si bien disposez, que sa seule vûe, & celle de nos ruës faisoit l'étonnement des Etrangers.

Messieurs les Comtes de S. Iean garnirent la façade de leur Eglise de lanternes, qui representoient les armes de tous les Gentils-hommes, qui composent cét auguste Corps. Celle de nos Gouuerneurs & de nos Magistrats étoient aussi aux fenestres de l'Hôtel de Ville. Les Eglises & les Maisons Religieuses voulurent auoir part à la pompe de ces feux innocens; tous leurs clochers en étoient éclairez, & sembloient autant de phares au milieu des tenebres de la nuit.

Quelques Particuliers voulurent aussi contribuër à la joye publique, entre lesquels le Sieur Pelletier Ingenieur, fit admirer son addresse; il exposa par vne fenestre de son logis vne machine qui s'auançoit iusqu'au milieu de la ruë, & qui representoit les armes de France couronnées dans le Ciel, & placées dans le corps d'vn soleil, qui perçoit la nuë, pour montrer, que l'éclat de nôtre Monarque a triomphé des obstacles, qui s'opposent à ses desseins, & dissipé les tenebres, & les broüillards que le demon de la guerre auoit éleuez.

L'Ecusson des armes étoit fixe sur vn grand cercle mobile d'or, dont le mouuement balançoit en equilibre trente lampes diuersement colorées, & allumées l'espace de cinq à six heures. La couronne qui faisoit le haut de la Machine, auoit aussi le mouuement circulaire, & portoit soixante autres lampes mûës de la même maniere, tandis que dix autres lampes fixes seruoient à distinguer les mouuemens, & éclairoient les chiffres de sa Majesté, vn ciel semé d'étoiles & de fleurs de lys, auec quelques inscriptions de *viue le Roy, & viue Louys*: Au milieu s'éleuoit vne colomne entre vn Coq, & vn Lyon. Et comme dans Rome on auoit dressé vne colomne Bellique, d'où l'on auoit coûtume de lancer vne jaueline vers le Pays à qui on declaroit la guerre; celle-cy étoit vne colomne de Paix, & la dêcharge de six partemens de fusées termina toute la montre de cette Machine, qui fut exposée deux fois auec le mesme artifice.

Desseins

Desseins des Feux particuliers.

MEssieurs les Comtes de S. Iean, qui paroissent des plus zelez, en tout ce qui regarde la gloire de nôtre Monarque, dresserent en leur Place vn Portique à quatre faces, & le suiet de cette Machine étoit la Paix conceuë dans Lyon, aussi voyoit-on dans chacune de ces faces la Paix assise entre des Lions, qu'elle sembloit couronner d'vn rameau d'oliue, tandis que des Soldats desarmez, & posez sur les angles de la Machine témoignoient leur douleur de se voir sans occupation: cependant la renommée qui étoit posée au plus haut de ce Portique enfloit toutes ses Trompêtes pour annoncer le repos aux peuples, & ce vers apprenoit à tout le monde que nostre Monarque victorieux ne pense plus qu'à la Paix.

Hostibus edomitis Lauris annectit oliuam.

Comme ie ne puis pas m'attacher à vn ordre reglé dans la suite des desseins que ie décriray, ne voulant ôter à personne le rang qui luy est dû, ie vous donne icy celuy de tous nos Penonnages, & de leurs Officiers, selon l'ancienneté des Capitaines, ne gardant en suite aucun Ordre dans la description de nos Feux.

Noms & qualitez de Messieurs les Capitaines Penons, Lieutenans & Enseignes de la Ville de Lyon, selon le rang de leurs receptions.

I

Au Quartier du Plastre S. Esprit, M. Gaspar de Monconis, Seigneur de Liergues & Poüilly, Conseiller du Roy en ses Conseils, & son Lieutenant General Criminel en la Senechaussée & Siege Presidial de Lyon, Capitaine Penon; M. Gaspard Geneuié Lieutenant; M. Claude de Bely Enseigne.

I I.

Au Quartier de Pierre-Scize, M. Cesar Beraud Conseiller du Roy, Receueur General & Payeur des rentes de l'Hostel de Ville de Lyon, Capitaine Penon; M. Iean Troüilleu dit la Rochette Lieutenant; M. Claude Riuoiron Enseigne.

I I I.

Au Quartier S. Iust, Noble Louys Chapuis, Iuge de l'Archeuêché & Comté de Lyon; Capitaine Penon; Noble Matthieu Duxio Aduocat en Parlement; Conseiller du Roy, Elû en l'Election de Lyon. Lieutenant; Noble Maurice d'Arlery Aduocat en Parlement; Iuge Ciuil

Fol. 16

Ciuil & Criminel du Marquiſat de Mirebel en Breſſe Enſeigne.

IV.

La Grenette, M. Claude Morand, Capitaine Penon; M Antoine Morand Lieutenant, M. Benoit Coſte Enſeigne.

V.

Le Change, M. Camille Demerle, Seigneur de Gregny, Conſeiller du Roy, & Treſorier general de France en la Generalité de Lyonnois, Foreſts & Beaujollois Capitaine Penon; M. Louys Deſprez Lieutenant; M. Iean Philibert Enſeigne.

VI.

Porte- Froc, M. pierre de Seue, Baron de Flecheres, de ſaint André du Coing, & Limonés, Villete & Grelonge, Conſeiller du Roy en ſes Conſeils d'Eſtat & Priué, Preſident, & Lieutenant general en la Senêchauſſée, & Siege Preſidial de Lyon Capitaine Penon; M. Iuſtinian Croppet Ecuyer, Seigneur d'Herigny, & de Variſſan, Conſeiller du Roy, Maiſtre des Ports, Ponts & Paſſages, de l'ancien Gouuernement de Lyonnois Lieutenant; M. Philibert Depoiſat, Procureur és Cours de Lyon Enſeigne.

VII.

Ruë de Flandres, M. François Tremel Capitaine Penon; Noble Iean de Seue, Intendant de la Doüanne pour Meſſieurs de la Ville de Lyon Lieutenant; Noble Antoine Roland Enſeigne.

VIII

Ruë Tramaſſac, M. Hugues de Pomey, Seigneur de Rochefort les Sauuages, & Rancé, Conſeiller du Roy en ſes Conſeils, Preuôt des Marchands; Noble François de Meaux, Seigneur de Charnaux, Conſeiller du Roy en la Senechauſſée & Siege Pre ſidial de Lyon Lieutenant; M. André Perrodon Notaire Royal, & Procureur en la Cour de Lyon Enſeigne.

IX.

La ruë Merciere, M. Iean Teuenet Bourgeois, Capitaine Penon; M. Antoine Richard Lieutenant; M, Claude Liuet Enſeigne.

X.

Au Quartier de Confort, M. Irenée Barlet Bourgeois Capitaine Penon; M. Antoine Iullieron Lieutenant; M. Eſtienne Satin Enſeigne.

XI.

La grand ruë, M. Antoine Debrioude Capitaine Penon; M. Iean Baptiſte Tioly Lieutenant; M. Pierre Fillon Enſeigne.

XII.

Ruë Thomaſſin, M. Claude Charuin dit Riuiere Bourgeois Capitaine Penon; M. Laurent Aniſſon Lieutenant; M. Eſtienne Charuin Enſeigne

XIII.

Au quartier de la Boucherie S. Paul, M. Gabriel Puilata, Capitaine Penon; M. Antoine Rongeat Lieutenant; M. Pierre Deruieu Enseigne.

XIV.

Bourchanin & Bellecourt, M. Guillaume de Seue, Seigneur de Laual, Conseiller au Conseil de son Altesse Royale, & premier President au Parlement de Dombes, seant à Lyon, Capitaine Penon; M. Louys Simple Lieutenant; M. Humbert de Rilieu Bourgeois Enseigne.

XV.

Puis du Sel, Noble Guillaume de Sarde Conseiller & Tresorier general en la Generalité de Lyon Capitaine Penon; M. Louys Dubost Lieutenant; M. Ioseph Chomery Enseigne.

XVI.

Quartier des Cordeliers, Noble Hierôme Murat Ecuyer, Seigneur Dexpanier & de Montferrant Capitaine Penon; M. Barthelemy Violette Lieutenant; M. Corneille Hugonin Enseigne.

XVII.

Place S. Nisier, Noble Louys Decoton Capitaine Penon; M. Estienne Dumas Lieutenant; Noble Charles Perrin Enseigne.

XVIII.

Au Quartier S. George, Noble I. Baptiste Farjot, Seigneur de S. Hilaire, Conseiller & Maistre d'Hôtel ordinaire du Roy, Capitaine Penon; M. Iean Baptiste Isaac Lieutenant; M. Glatoud Procureur és Cours de Lyon Enseigne.

XIX.

Au Quartier de la Fontaine S. Marcel, Noble Gaspard Grolier Aduocat & Procureur general de la Ville, Capitaine Penon; M. Matthieu de Conte Lieutenant; M. Iacque Maton Enseigne.

XX.

Ruë de la Lanterne, M. Rodolphe Cerise Capitaine Penon; M. Iean Baptiste Fresse Lieutenant: M. Claude Gros Enseigne.

XXI.

La ruë Paradis, M. Iean Vidaut Seigneur de la Tour, Conseiller du Roy en tous ses Conseils, son Procureur en la Senéchaussée & Siege Presidial, Conseruation, Marêchaussée, & autres Iurisdictions Royales de la Ville de Lyon Capitaine Penon; M. Abraham Pause Bourgeois Lieutenant; M. Estienne Flandrin Enseigne.

XXII.

Au Quartier de la Iuifverie, Noble Barthelemy Gueston Sieur de la Buissiere & de la Duchere, Conseiller du Roy & Tresorier de France

France en la Generalité de Lyon, Capitaine Penon; Noble Iean Mercier Conseiller du Roy, & Tresorier General en la Generalité de Lyon, Lieutenant: M. François Stouppa Docteur és droicts, Enquesteur, Commissaire, Examinateur en la Senechaussée & Siege Presidial de Lyon, Enseigne.

XXIII.

Bourg neuf, Noble Louys Guerin, Officier de la Monnoye Capitaine Penon: M. Madinier, Lieutenant: M. Louys Bussiere, Enseigne.

XXIV.

Au Quartier de ruë Neufue, Noble François Raton, Capitaine Penon: Noble Pierre Malet, Conseiller de son Altesse Royale & son Aduocat General au Parlement de Dombes, Lieutenant: M. Pierre Giron, Enseigne.

XXV.

Quartier du Griffon, Noble Pierre Cochardet, Tresorier de France en la Generalité de Lyon, Capitaine Penon: M. François Sparron, Lieutenant: M. Claude Teuenard, Enseigne.

XXVI.

Le Port du Temple, Noble Barthelemy Ferrus, Conseiller du Roy; Controleur des rentes Prouinciales en la Generalité de Moulins; Escheuin de la Ville & Communauté de Lyon, Capitaine Penon: M. Claude Dufour Bourgeois, Lieutenant: M. Charles Bailly, Enseigne.

XXVII.

Port S. Paul, M. Claude Madiere, Capitaine Penon. M. Antoine Michon, Lieutenant: M. Camille Couppé, Seigneur de la Genettiere Enseigne.

XXVIII.

L'Herberie, Noble Matthieu Ferrus Capitaine Penon: M. Iacque Bellet Lieutenant: M. Romans Thomé Enseigne.

XXIX.

Coste S. Sebastien, M. Iacques Pilleotte Escuyer Seigneur de la Pape & Messimy, Conseiller du Roy en la Senechaussée & Siege Presidial de Lyon & son Garde des Seaux audit Presidial, Maistre des Requestes au Parlement de Dombes, Capitaine Penon: Claude Bonnet Lieutenant: M. Iean Tramard Enseigne.

XXX.

Quartier S. Pierre, Noble Louys de Bais Capitaine Penon: M. Guillaume Perier Lieutenant: M. Barthelemy Blauf Enseigne.

XXXI.

Quartier S. Vincent, M. François de Baglion Cheualier, Seigneur de Saillan, Baron de Ions, Comte de la Sale, Capitaine Lieutenant de la Compagnie d'Ordonnance de M. le Comte de Montreuel, Capitaine Penon; M. Ennemon Maurice Lieutenant, M. Antoine Depoge Enseigne.

XXXII.

Puits de la Croisette, M. Marc-Antoine du Sauzey, Seigneur de Iarnousse, Varennes, la Molliere, &c. Conseiller du Roy, Lieutenant Particulier en la Senechaussée & Siege Presidial, Capitaine Penon; M. Iacques Offray Lieutenant; M. Odinet Ducoin Enseigne.

XXXIII.

La haute Grenette, M. Pierre Vernay, Capitaine Penon; M. Iean Bertrand, Lieutenant; M. Claude Huuet Enseigne.

XXXIV.

Ruë trois Maries, Messire Gabriel de Busillet, Seigneur de Messimieu lez Ansce, Cheualier de l'Ordre du Roy, Conseiller au Conseil de son Altesse Royale, & Cheualier d'honneur en la Cour de Parlement de Dombes, Capitaine Penon; M. Iean Ferdinand Bullioud Ecuyer, Seigneur de Coissieu Lieutenant; M. Iean Baptiste Fayard Enseigne.

XXXV.

Quartier de Gourguillon, Noble Hierosme Chausse Ecuyer Capitaine Penon; M. Iean Delicessons Lieutenant; Noble Iean Baptiste de Charesieu, Sieur de Charpilliet Enseigne.

XXXVI.

Boucherie de l'Hôpital, M. Girardon Capitaine Penon; M. Iean Pouchat Lieutenant; M. Michel Vaubertrand Enseigne.

XXXVII.

Grossée, & Bon-rencontre, M. Iean André Bourdin Capitaine Penon; M. Claude Durant, Lieutenant; M. Michel Charuin Enseigne.

XXXVIII.

La Pescherie, M. Iean Guerrie, Lieutenant; M. Antoine de la Forest Enseigne.

Le Quartier de ruë Tramassac.

MOnsieur le Preuost des Marchands ne se contentant pas d'auoir donné des marques publiques de son zele pour la gloire de nôtre Monarque, dans toutes les ceremonies de sa Charge, en voulut encore donner de priuées, & comme Capitaine d'vn Quartier, faire vne dépense particuliere, qui a seruy d'exemple à tous ceux qui sont dans la même Charge. Le sujet qu'il choisit pour ce dessein étoit propre de son Quartier, qui porte le nom de ruë du

Pœuf

Fol. 20

Bœuf, à cause d'vne image de pierre de cet animal posée sur l'angle d'vne maison qui fait le coin de la Place d'armes de ce Quartier. Le quatriéme liure des Georgiques de Virgile luy fournit l'argument de la Machine, dont voicy la description tirée de ce Poëte.

Le Berger Aristée ayant perdu ses abeilles, qui faisoient presque son vnique reuenu, sortit de la Thessalie, pour faire ses plaintes à Cyrene sa Mere, qui étoit Nymphe des eaux, & qui habitoit à la source du Penée : Ses larmes auoient dé-ja troublé les eaux pures de cette source, & ses gemissemens étoient arriués aux oreilles des Nymphes ; quand Arethuse sortit pour apprendre la cause de ce trouble ; elle reconnut aussi-tôt Aristée, & ayant aduerty Cyrene sa Sœur de la tristesse, & des larmes de son Fils, elle l'introduisit dans ce Palais de chrystal, où il témoigna à sa Mere le déplaisir qu'il ressentoit de la perte qu'il auoit faite en vn temps, où elle l'auoit flaté de l'amour des Dieux, & de l'esperance de l'immortalité ; elle essuya ses larmes, & le conduisant sous les eaux, luy fit voir l'antre où Protée auoit coûtume de reposer durant les chaleurs de midy, luy commandant de se tenir caché, iusqu'à ce que ce Dieu fut endormy, & de le lier durant son sommeil, pour l'obliger à luy dire la cause de la colere des Dieux. Il executa soigneusement les ordres que sa Mere luy auoit donnez, & tenant Protée ne le lâcha point, qu'il n'eût sceu de luy, que c'étoit Orphée, qui auoit causé ce desordre, pour se venger de la mort de sa femme Euridice, qui auoit été morduë d'vn serpent en fuyant ce berger, & qu'il ne restoit aucun moyen d'appaiser les Dieux irritez qu'en leur offrant des Sacrifices. Aristée ayant rendu la liberté à son captif, retourne en son Pays, & prenant les plus beaux bœufs de son troupeau les immola aux manes d'Orphée & d'Euridice, qu'il vouloit appaiser. Au neufiéme iour de son Sacrifice, allant voir les restes de ses victimes, il vit des essains d'abeilles, qui sortoient des entrailles de ses bœufs, & qui s'allerent attacher à vn arbre.

Hic verò subitum, ac dictu mirabile, monstra
Aspiciunt : liquefacta boum per viscera toto
Stridere apes vtero, & ruptis efferuere costis
Construere, & lentis vuam demittere ramis.

Cette representation étoit éleuée sur vn Portique quarré, qui luy seruoit de base. Au dessus Aristée étoit representé deuant vn Autel antique, au pied duquel étoit étendu vn bœuf, dont sortoit quantité d'abeilles, qui s'attachoient à vn arbre.

Les personnes intelligentes connurent d'abord le sens de cette fable, & virent que ce Berger étoit le symbole de Monsieur le Preuost des Marchands. Il y a long-temps que les troupeaux representent les Peuples, & les Pasteurs, ceux qui en ont la conduite. Nous trouuons mesme dans l'histoire, que les premiers Roys de l'Egypte & de la Iudée furent pris entre les bergers, comme Cyrus fut éleué parmy eux pour apprendre à gouuerner.

Le bœuf estendu representoit la soumission de ce Quartier, qui est toujours prest de sacrifier sa vie pour son Souuerain, sous les Ordres de son Capitaine. L'essain d'abeilles étoit le symbole de ce Penonnage. En effet qui le pourroit mieux representer que ces troupes armées d'éguillons pour leur defense & pour le seruice de leur Roy ? L'application en étoit faite par deux deuises, dont l'vne étoit conceüe en ces termes. *Nascimur obsequio Regis.* Nous naissons pour seruir le Roy. L'autre en ceux-cy *& Regi & Superis.* Tout le trauail de ces ouurieres innocentes ne tend qu'à honorer Dieu sur ses Autels par la cire qu'elles forment, & qu'à seruir leur Roy, qu'elles n'abandonnent iamais. L'arbre étoit encore le Symbole de M. le Preuost des Marchands, qui en a vn dans ses armes, & qui tient sous sa protection tout son Quartier representé par l'essain.

Le Quartier du Change.

LE dessein étoit les douceurs de la Paix, representées par des fleurs & des fruicts, qui faisoient vn trophée, sur lequel elle étoit assise, ayant à ses pieds des armes rompuës auec ce vers.

Dum languent hostes, Pax imperat, otia regnant.

Le Quartier des trois Maries.

LA Machine étoit vn haute Pyramide surmontée d'vne Colombe qui portoit le rameau d'oliue, & posée sur vne base aussi triangulaire où étoient representées trois Deesses, Flora, Ceres, & Minerue, pour apprendre que la Paix est agreable, vtile & honneste, aussi semble-il que ces trois Diuinitez sont les plus interessées aux soins de la Paix, qui conserue les beautez de la campagne, qui multiplie la recolte, & qui fait fleurir les Arts.

Le Quartier de Gourguillon.

DEux Genies, qui se donnoient la main sur vn cœur, representoient l'alliance de France & d'Espagne, qui a esté cause de la Paix, auec ces deux vers

Q. du Change Fol.

Fol. 23

Q ruë de Flandres
Fol. 23
B R

L'Alliance & la Paix entre ces deux grands Roys,
Nous obligent d'vnir & nos cœurs & nos voix.

Et ces trois autres Latins.

Cœlestes genitæ nunc rapta resumite sceptra,
Mortales etiam belli deponite curas.
Quæ Mars expulerat Pax exoptata reducit.

Le Quartier de Porte-Froc.

CE Feu dont l'artifice ne ceda en rien à tous les autres, pour la diuersité & le nombre de ses departemens, representoit vn dome, semblable aux lanternes des Temples antiques, aussi étoit-ce le dome du Temple de Paix. Il étoit posé en la Place de Fleche-res, à qui la maison du Capitaine Penon a donné le nom.

Le Quartier de la Boucherie S. Paul.

MArs étoit enchaîné par des amours, tandis que quatre autres rompoient des armes sur les quatre faces du Portique, qui seruoit de base à cette representation.

Le Quartier de la Iuifverie.

LA Discorde representée auec ses cheueux de serpens, se rongeoit le cœur de dépit, de voir les armes brisées & inutiles, auec cette inscription.

Inflammor, quia inflammare non potui.

Le Quartier de ruë de Flandres.

LA Machine étoit dressée deuant la Doüanne, & representoit vne Bellonne enchaînée entre deux colomnes semblables à celles d'Hercule, l'vne desquelles étoit semée de fleurs de lys, & l'autre de Châteaux, & de Lions: On lisoit sur le bouclier de cette Deesse de la Guerre, *Non vltra*, & sur les deux faces de la base de la Machine ces huit vers Latins.

Iam satis armorum est, tandem Bellona feroces
Pone animos, nam te vincula sola manent.

Non

Non aliud post-hac quatiet tua dextera ferrum,
Herculis & gemini tu patiere iugum.

X.

Non vltra sauire licet, Mars impius orbe
Exulat, & festis nunc micat Æthra focis.
Martius ergo olim fuerit dum bella vigerent
Hic alio mensis nomine Pacis erit.

Le Quartier du Port S. Paul.

LA Machine de ce Quartier fut d'vn artifice particulier, car elle fut en partie conseruée, & en partie brûlée. Elle representoit le triomphe de la Paix, dont la figure étoit éleuée sur vne haute base quarrée; mais cette Deesse étoit enuelopée de la representation d'vne Furie, qui ayant été consumée par les flames, fit paroître cette Paix desirée si l'ong-temps. L'inscription faisoit allusion à ce changement.

PHOENICEM NOVVM.
LVGDVNVM SVSPICE
E BELLI CINERE PAX NASCITVR.

Sur vne des faces de la base étoit representé vn Mars sacrifié sur l'Autel de la Paix auec cette deuise.

PRIMA HÆC CADAT HOSTIA PACI.

Sur la seconde, deux mains iointes, qui tenoient vn caducée.

COEVNT IN FOEDERA DEXTRÆ.

Sur le troisiéme vn fracas d'armes.

CEDANT ARMA ROGIS, CEDAT DISCORDIA PACI.

Sur la quatriéme, vn petit amour qui enchaînoit des cœurs.

PARANTVR MVNERA PACI.

La premiere & la troisiéme face furent seulement brûlées, les deux autres subsisterent.

Quartier du Grenier à Sel.

LE Feu de ce Quartier n'auoit pour ornement que les armes du Roy & de la Ville.

Quartier

Q. de la Fontaine S. Marcel. Fol.

Quartier S. [illegible].

La figure de cette Machine étoit triangulaire, & montroit trois faces, où étoient representées trois choses opposées, ou plustost les Victoires de la Paix, de l'Amour, & du Calme sur leurs Ennemis. En la premiere face la Paix triomphoit de la Guerre, & fournissoit le sujet de ces vers.

[illegible]

En la seconde face l'Amour triomphoit de la Haine, & on appliquoit ce sujet au Monarque pacifique victorieux de tous les cœurs.

[illegible]

En la troisiéme face le Calme triomphoit de la Tempeste. L'inscription invitoit tous les Citoyens à témoigner leurs reconnoissances à leur Liberateur.

Ce Monarque dont la Clemence
Soumet tout le monde à sa loy
Merite pour reconnoissance
Que nous disions [illegible] VIVE, VIVE LE ROY.

Le Quartier de S. Nithor ne voulut point ceder en magnificence à celuy de S. Jean, & le mardy 25. fut le jour assigné aux vingt-quatre Personnages, qui le composent.

Quartier de la Fontaine S. Marcel.

La Place des Terreaux fut le lieu destiné à son Feu d'artifice qu'on plaça devant l'Hostel de Ville. Le sujet étoit le Siecle d'Or victorieux du Siecle de Fer. La Machine representoit une grande voute de rocaille, semblable aux antres qu'habitoient les premiers hommes dans ce temps bien-heureux, que l'Histoire & la Fable nous ont décrit. Le Siecle de Fer [illegible] sur le haut de ces Rochers, qui luy ouvroient un precipice, servoit de trophée au Siecle d'Or couronné d'étoilles, & soûtenant une corne d'abondance, d'où sortoient des pieces d'Or pour allusion aux armes de la famille des [illegible] qui porte d'azur à trois bezans d'or rangés en faſces & ſommés d'autant d'étoiles d'argent rangées de même. Vne grande ruche, ſur laquelle le ſiecle d'or étoit éleué, repreſentoit non ſeulement la douceur des premiers temps par le miel, qui en fut le Symbole, mais encore la conduite d'vne Ville, & d'vne Communauté bien reglée, à l'exemple des abeilles. Vne inſcription Latine inuitoit les Alchimiſtes à venir apprendre de la Paix le ſecret de faire de l'or; elle étoit conceuë en ces termes.

HVC ACCEDITE CINIFLONES,
VBI MIRACVLORVM ARTIFEX VNVS
VERAM EDOCET CHRYSOPOEIAM,
DVM SECVLVM FERREVM MVTAT IN AVREVM.

Le Quartier ſaint Vincent.

CE Quartier qui ſe trouue en l'vne des extremités de la Ville auoit dreſſé vne Machine quarrée, garnie d'vn bel artifice, auec cette inſcription.

IGNIS ISTE EST SYMBOLVM PACIS.

On dreſſa des tentes le long du Pont de bois, ſous leſquelles furent placées des tables pour tous ceux du Quartier, qui ſouperent ſous les armes, en réjoüiſſance de la Paix.

Quartier de la Lanterne.

LE ſujet étoit le Tombeau de Mars, ſur lequel l'Amour victorieux dreſſoit vn trophée. On voyoit ce Tombeau éleué au milieu d'vne baluſtrade en quarré, il étoit fait à l'antique, & ſeruoit de baſe à vn petit Amour armé de ſa trouſſe, & de ſon Arc, qui aprés auoir dreſſé ſur vn Ceriſier vn trophée des armes de ſon Aduerſaire vaincu, écriuoit de la pointe d'vn trait ſur le bouclier. *Mars tandem ceſſit Amori.* Le Ceriſier faiſoit alluſion à M. Ceriſe Capitaine de ce Quartier. L'inſcription étoit ſur le tombeau en forme d'Epitaphe.

D. M.

AD MARTIS INFERIAS
AFFERTE CIVES RISVS NON LACHRYMAS,
NIHIL OPVS HVIC BVSTO PRÆFICIS,
POSTQVAM VIVENTI FLETVVM DEDIMVS PLVSQVAM SATIS
INIVSTO NVMINI IVSTA NE SOLVITE,

NEC

Q. de la Lanterne Fol. 8

Fol. 27

NEC PARENTALIA FACITE PARRICIDÆ
IGNIS RELIQVIAS VINO RESPERGITE
DVM NON ALIÆ EX HOC CINERE FLAMMÆ IMICANT
QVAM FESTIVÆ

Quartier du Plastre S. Esprit.

MOnsieur le Lieutenãt Criminel Capitaine de ce Quartier, choisit pour sujet la Paix du monde, entretenuë par l'accord des Elemens. l'Amour posé sur vn grand pié-dêtal, tenoit des deux mains les quatre Elemens, posés sur les angles de ce même pié-dêtal & vnissoit de la droite le Feu & la Terre, qui sont symboliques en secheresse & en chaleur, & de la gauche l'Air & l'Eau, qui sont symboliques en froid & en humidité. Ce vers du premier liure des Metamorphoses d'Ouide peint tout autour de la frise, expliquoit tout le sujet.

DISSOCIATA LOCIS CONCORDI PACE LIGAVIT.

Le Feu êtoit vêtu de couleur rouge, semé d'êtincelles, auec vne couronne de flâmes & vne Salemandre à ses pieds.

L'Air de bleu celeste semé de foudres, & d'arc-en-ciels, couronné d'êtoiles auec vne aigle à ses pieds.

L'Eau de verd de Mer semé de poissons, couronnée de ioncs & de glayeulx, vn Dauphin à ses pieds.

La Terre de verd-gay semé de fleurs, couronnée de tours, vn lion à ses pieds: dans deux des faces de la base êtoient peints deux Emblemes: d'vn côté Mars, qui remettoit son épée dans le fourreau, de l'autre des Soldats, qui faisoient des faisseaux de piques, d'autres qui portoient des mousquets, & qui rouloient des canons dans vn Arsenal. Dans les deux autres faces êtoient les inscriptions suiuantes.

Les Elemens, qui font la gloire
Du ieune Monarque des lys
De tous nos maux enseuilis.
Luy font vne éclatante histoire.

Apres vne sanglante Guerre,
Ils promettent à nos Vainqueurs
L'Auguste triomphe des cœurs
Et la Paix de toute la Terre.

L'artifice êtoit composé de dix douzaines de fusées, dix douzaines de serpenteaux, auec leurs pots & lances à feu, six douzaines de lances à feu, quatre douzaines de saucissons & deux douzaines de girandoles, la petitesse du lieu, où la Machine étoit dressée, n'ayant pû souffrir vn plus grand artifice.

Le Quartier saint Pierre.

CE Quartier choisit pour sujet Hercule, qui terrassoit l'hydre; on voyoit cét Heros vêtu de sa peau de lion, & armé de sa masse, dont il abatoit les têtes de ce Monstre, qui representoit la Guerre. La premiere inscription tirée d'vn vers de Seneque, s'appliquoit à la peau de lion, & faisoit allusion aux victoires que sa Majesté a remportées en Flandres.

——————Pro spoliis gerit
Quæ timuit & quæ fudit.

La seconde temoignoit la ioye que reçoiuent nos Citoyens, de voir la Guerre terrassée par nôtre Hercule.

EXTINCTA TANDEM BELLORVM HYDRA EST:
ET CÆSORVM CAPITVM RELIQVIAS
FESTIVIS VRIMVS IGNIBVS.
ALCIDI NOSTRO
VICTORI SEMPER NVNCQVE PACIFICO
DVM TORMENTIS MILLE PLAVDITVR,
LÆTITIÆ VOCIBVS
PACEM REDDITAM GRATVLAMVR.

Le Quartier saint Nisier.

LA Machine étoit de forme quarrée, & ses quatre diuerses faces montroient en quatre Emblemes les auantages de la Paix.

Au premier on voyoit la Paix, qui fouloit aux pieds vn Dragon, & se montroit sous cét Embleme victorieuse de la rebellion auec cette inscription.

CALCANS ILLÆSA DRACONEM.

Et ces quatre vers.

Le Dragon abbatu sous la Paix triomphante,
Dans son plus pompeux appareil,
Nous montre les beaux iours que doit faire l'Infante,
Quand cette belle Aurore aura ioint son Soleil.

Au second, la Paix triomphoit de Mars, & de Bellonne, auec cette inscription.

VICTORVM

Q. St Pierre. Fol 28

Q. S. Nizier . Fol 28

Q. de l'Herberie
Fol. 29

VICTORVM VICTRIX

Et ces vers.

La Paix a vaincu l'Inuinsible,
Elle porte en ses mains des marques de valeur,
Pour rendre apres nos maux le plaisir plus sensible
Elle le porte iusqu'au cœur.

Au troisiéme, la Paix receuoit les vœux des Peuples, auec cette inscription.

VOTORVM META.

Et ce quatrain.

La Paix calme par sa presence
Les rigueurs dont la guerre auoit percé nos cœurs,
Et paroissant apres vne fâcheuse absence,
Elle termine enfin & nos vœux & nos pleurs.

Au quatriéme, la Paix faisoit tomber des richesses d'vne corne d'abondance, & l'inscription étoit.

SVNT MVNERA PACIS.

Elle étoit accompagnée de ces vers.

L'abondance de toutes choses
Dont la Paix causera nos plus iustes plaisirs.
Contentera tous nos desirs,
Et changera nos maux en des moissons de roses.

Quartier de l'Herberie.

VNe Pyramide en triangle, posée sur vn Portique aussi quarré, portoit en haut vn casque renuersé, & en bas trois Soldats endormis sur des armes entassées en desordre, auec cette inscription.

DELICIÆ REGNANT
DIEM REGNAT PAX.

Quartier de la Croisette.

LA Paix desarmoit Mars, & luy ôtoit le moyen de troubler le monde; ce Dieu de la Guerre en témoignoit son déplaisir par ces vers.

La Paix triomphe de mes armes,
Le Ciel rit en vôtre faueur
Et se mocquant de mes allarmes
Donne place à vôtre bon-heur.

Vn autre vers Latin apprenoit que c'étoit iustement que l'on condamnoit au feu celuy qui étoit la cause de tous nos desordres, & l'on obligeoit le criminel d'auoüer publiquement ses crimes par ces vers.

EXPIO NVNC FLAMMIS QVÆ FECI
CRIMINA BELLO.

Le Quartier de ruë Merciere.

CE Quartier auoit pris son dessein de l'histoire d'Alexandre; la Machine étoit vn pié-d'étal quarré, sur lequel étoit posée la figure d'Alexandre coupant le nœud Gordien, pour accomplir l'Oracle, qui promettoit l'Empire du monde à quiconque le delieroit: Ce Prince n'en ayant pû venir à bout, tira son épée, & disant qu'il n'importoit rien de le dénoüer ou de le couper, le trancha d'vn seul coup, & accomplit ou eluda l'Oracle par cette action: Les vers qui accompagnoient cette figure en faisoient l'application à sa Majesté.

Enfin le nœud fatal des fieres destinées
Cede au grand Monarque des Lys;
La Guerre tient en vain les fureurs déchainées
Sur les restes fumans des Autels demolis.

Vn Roy plus genereux que ne fut Alexandre,
Trauaille pour nôtre repos;
Et fait germer l'oliue au milieu de la cendre
Des lauriers qu'ont cueillis cents illustres Heros.

Il s'ouure par ce coup à l'Empire du monde
Vn grand & superbe chemin,
Et nous verrons vn iour sur la Terre & sur l'Onde
Les Lys plus estendus, que l'Empire Romain.

Tandis que de cent Feux nous portons iusqu'aux nües
La gloire de ses actions:
Nos voix, que le respect a long-temps retenuës,
Deposent pour nos cœurs de nos affections.

Ce nœud fait en forme de frondes entrelassées, montroit aussi que Sa Majesté auoit triomphé des Guerres Ciuiles du Royaume, diuisé par les Frondeurs durant sa minorité.

Quartier

Fol. 30

Q. Port du temple. Fol. 31

Q. de la rue Paradis. Fol. 21

Quartier du Port du Temple.

LE Quartier du Port du Temple commandé par M. Ferrus Echeuin, est celuy qui se presente d'abord apres celuy de ruë Merciere : La Machine qui étoit vne des plus belles, representoit le fort de la Contrarieté, vétuë d'vn habit party de blanc, & de noir, qui sont les couleurs les plus opposées : Elle portoit de la droite du Feu, & de la gauche de l'Eau, qui sont les deux Elemens ennemis. Le Feu eût l'auantage en cette occasion, & détruisant la Contrarieté, il apprit qu'il est depuis long-temps le Maistre des vnions, & l'Interprete de la ioye ; aussi les deux inscriptions inuitoient tout le monde à la Reconciliation, & à la Paix en vn temps où deux Peuples ennemis se reconcilient.

PRIVATA PONITE DISSIDIA,
VBI IAM ORBIS PACE COMPOSITVS
DISSIDIA PVBLICA DAMNAT INCENDIIS.
FESTIVVS IGNIS FERRVM EMOLLIAT,
ET FLAMMARVM OPE
DISSIDENTIA CORDA COMPAGINET.

II.

ABSTINETE CIVES A LACRYMIS:
NIHIL OPVS NVNC BVSTO PRÆFICIS,
VBI MARS EXTINCTVS
MORTES IPSAS EXTINGVIT MORTVVS.

Les deux rouës representoient celle de la Fortune, & celle de l'Inconstance, qui sont les causes de tous les desordres du monde.

Quartier du Bourchanin.

CE Quartier auoit dressé en Bellecour vne espece d'Arc de triomphe consacré à la Paix : vne grande corne d'abondance en faisoit le couronnement, & ce verset du Cantique de Zacharie étoit peint en gros caracteres sur vne cartouche.

ET EREXIT CORNV SALVTIS IN
DOMO DAVID PVERI SVI.

Quartier de ruë Paradis.

VNe grande Renommée auec les ornemens, que les Poëtes ont coûtume de luy donner étoit éleuée sur vne haute base. L'écharpe de sa trompette portoit pour deuise

Silete tandem Martis infausti tubæ:
Pacis triumphos insonat famæ tuba.

On voy ... qu'elle ſouloit, pour
ſignifier que ce ...
Heros, & la couron...
les Conquerans à ...
de; elle expliqu...

...aux de...
...ſieurs vo...
Et ...
A...

L...
les combats, y ...
ornoient ces quatre faces.

Martis ara
Gentivm omnivm imbvta
Optatæ Pacis
Prima est victima

II.

Hæc fvge lumina
Qvisqvis cvpitæ Pacis a...
Diris devove malorvm ...
Ex Extincto Marti mala...

III.

Minervæ aram ...
Iterum Lvgdvnvm ins...
Et Lvdovici lavris o...
Dvm martis fanvm Pa...
Et extincta Bellonæ fa... ...tvr.

IV.

Celle-cy s'appliquoit aux vrnes des Heros.

E bellorvm incendiis
Svperstes hic herovm cinis
Festivis Pacis accedit ignibvs
Svoqve parentat nvmini
Residvvs manivm vigor.

Quartier

Q. de la haute Grenelle 33

Quartier de la haute Grenette.

CE Quartier fit vne dépense magnifique, & dressa vne Machine aussi belle, & autant bien garnie d'artifice qu'on la pouuoit souhaiter : Elle étoit de vingt-six pieds de haut, d'vne figure quarrée ouuerte en Portique au milieu de laquelle s'éleuoit vne base quarrée, qui portoit vn grand lion, le dessus du Portique finissoit en Dome & seruoit de base à l'Image de la Paix de sept pieds de haut : Cette Machine representoit le repos de Lyon dans la Paix, & ces vers seruoient à expliquer le dessein.

Quo potis est animo Leo ludere Gallicus ictus
Hostiles Pacem intrepidus tutatur eodem.

L'Artifice fut merueilleusement beau, le Lion fit cinq décharges de fusées par Terre & de serpenteaux : tout le Portique fut éclairé de Lances à feu, & le bruit des Saucissons mélé à celuy des Pots à feu & des Fusées fit dire qu'il y a peu de Villes qui ayent fait vn plus beau Feu que celuy de ce Quartier.

Quartier de la grand Rue.

LE siecle d'Or rendu à la France seruoit de sujet à la Machine de ce Quartier. L'image du Siecle d'or étoit éleuée sur vn grand quarré peint en marbre blanc. Il tenoit de la droite vn globe d'or, & de la gauche des Couronnes, des Diamans, des Perles, & des Pierres precieuses, qui sont les symboles des honneurs & des richesses. Des trophées & des cornes d'abondance faisoient les ornemens de ce quarré, qui étoit posé sur vn grand pie-détal bronzé, dont les quatre faces estoient ornées d'emblêmes ; vn marteau d'or frappant sur vn globe de fer faisoit le premier ; le second represétoit vn Genie vétu de drap d'or semé de fleurs de Lys qui refaisoit vn globe d'or. Le troisiéme étoit vn serpent mordant sa queuë, & plié en rond, auec ces mots. *Æternum seruanda quies.* Le quatriéme representoit le Soleil sous la figure d'Apollon touchant d'vn pied vne riuiere qui se changeoit en or, & d'vne main vn arbre qui prenoit le méme éclat. *Terras quascumque petit conuertit in aurum.* La fable de Midas étoit ingenieusemét appliquée à ce sujet. Ce pie-détal étoit éleué sur vn grand soubassemét, dont les quatre faces auoient aussi leurs ornemens particuliers : l'vne des armes froissées & renuersées auec ces mots, *Alios ferrum seruatur in vsus.* Vn autre vn palmier chargé de fruicts & sortant du milieu d'vn trophée, auec ce bout de vers dans vn rouleau, *Post mille triumphos.* Les autres deux faces contenoient deux inscriptions.

Ceux des autres Quartiers n'eurent point de dessein particulier, & furent ou de simples buchers accompagnez de quelques fusées, ou de simples caisses remplies d'Artifice.

E

AVX LECTEVRS.

L'ANTIQVITE' qui a reglé tous les Arts, & toutes les Ceremonies publiques, ne nous a rien laissé, qui nous pût seruir d'instruction, pour la conduite des Feux de Ioye. Il nous reste de beaux monumens de ses rejoüissances dans les reuers des Medailles, dans la description des Sacrifices, & sur les ruines des Arcs de Triomphe & des Amphitheatres; mais nous ne lisons pas qu'elle ayt fait beaucoup de ces Feux. Peut-etre parce qu'elle adoroit cet Element, qu'elle s'en seruoit aux Ceremonies sacrées, & dans les funerailles, & qu'elle ne le vouloit pas employer à des vsages profanes. En effet, elle etoit superbe à dresser les Buchers des Empereurs, où elle employoit des bois odoriferans, des draps d'or & de soye, & les dépouilles les plus pretieuses des Ennemis. Elle auoit aussi vn soin particulier de conseruer cette Diuinité, & les Filles consacroient leur virginité à son culte, & leurs seruices à son entretien. Mais depuis que la Religion Chrétienne eut banny la superstition, & qu'elle eut aboly les Apotheoses, elle fit seruir à la Ioye publique ce qui ne seruoit autrefois qu'aux Pompes funebres, & aux Sacrifices. Les feux qu'elle alluma pour brûler les Idoles, & les Temples de ces fausses Diuinités, furent des Feux agreables aux yeux des premiers Chretiens; & pour en redoubler le plaisir, on en refit souuent les images & les representations, pour exciter le zele de ces nouueaux Conuertis, à effacer entierement la memoire de ces Monstres. Nous en auons vn illustre exemple dans les paroles de saint Remy à Clouis en la ceremonie de son Baptéme, quand il luy dit: Mitis depone colla Sicamber, Adora quod incendisti, & incende quod adorasti. Adore ce que tu as brûlé, & brûle ce que tu as adoré. On a depuis retenu cette coutume d'allumer des Feux dans toutes les Ioyes publiques, & de les accompagner de diuerses sortes d'Artifices, qui ne sont en vsage que depuis l'inuention de la poudre.

Greg. Turon, l.2.c.31.

Les grandes incongruitez, qu'on y void commettre tous les iours, ont fait souhaiter à quelques-vns d'en auoir des Regles, qui pûssent leur seruir d'idée; & pour satisfaire à leur desir, i'en ay tracé icy vn petit discours en forme d'aduis, qui pourra, peut-etre, seruir à ceux qui ne veulent rien entreprendre qui ne soit reglé & bien concerté.

ADVIS

ADVIS NECESSAIRES pour la conduite des Feux d'Artifice.

LA Ioye n'est pas seulement magnifique dans ses profusions, elle y paroît ingenieuse, & quelque empressée qu'elle soit dans ses saillies, elle n'est iamais dereglée. Il y a de la bien-seance dans ses mouuemens, & son luxe attache autant l'esprit, que les mains de ceux qui le seruent. En êpanoüissant le cœur, elle donne passage aux êtincelles du sang, qui seruent à la formation des belles Idées, & le Feu qu'elle allume, ne passe pas seulement dans les yeux, pour les rendre plus vifs; il donne encore de la vigueur à l'imagination, & semble la rendre feconde. Elle a cela de commun auec l'Amour, qu'elle prend toute sorte de formes; mais elle a cét auantage sur elle, qu'elle ne descend iamais de son rang, & qu'elle ne s'abbaisse point au dessous de sa condition, pour venir à bout de ses desseins. Elle ne fait rien qui soit indigne de sa naissance, & aucune des passions n'aproche plus de la raison, que celle-cy, puis que le Ris, qu'elle exprime, nous fait connoître raisonnables, tandis que l'Amour change les Heros en Esclaues, les Dieux en Bêtes, & les Souuerains en Sujets. Les Triomphes & les Spectacles, qui firent Rome la merueille du monde, étoient de son inuention; & les Ieux publics du Cirque, & de l'Amphitheatre, qui attirerent dans l'Italie tous les Peuples ciuilisés, furent les effets de son luxe. Elle a même trouué le moyen de changer les douleurs en plaisirs; & les larmes qu'on verse à la veuë des Illustres mal-heureux, qu'elle fait plaindre sur nos Theatres, sont les aimables prestiges, dont elle diuertit les Conquerans apres les trauaux de la Guerre, & les fatigues de la Campagne.

C'est elle qui preside à toutes les ceremonies publiques, elle en fait la magnificence, elle en regle la conduite, & la majesté, qui l'accompagne dans ces actions de pompe, luy laisse la meilleure part de leurs succés. Elle se sert de diuers Artifices, pour s'insinuer dans les esprits, & renuerse souuent l'ordre de la nature, en faisant nager des Oyseaux, voler des Poissons, & danser des montagnes, & des rochers. Il n'est point de Monstre, qu'elle n'imite, point d'animaux qu'elle ne represente, ny rien d'extraordinaire qu'elle n'entreprenne. Elle est neantmoins plus heureuse à se seruir du Feu que du reste des Elemens; & c'est la cause pourquoy elle a coûtume de l'employer dans toutes les Fêtes publiques. Elle l'allume au milieu des tenebres de la nuit, pour en rendre l'eclat plus sensible. Les yeux, qui ne sont diuertis par aucun autre objet, que celuy-cy, s'y arrêtent sans peine; & les diuerses formes des Artifices, qui le composent, font vne agreable confusion de lumieres diuersement distribuées, qui ne plaisent pas moins, qu'elles éblouïssent.

Aussi ces Machines ne doiuent iamais être de simples Buchers, où l'on ne voye que des Fagots entassez de Marmosets placés sans dessein, & vn nombre de fusées, qui ne laissent que de la fumée, apres auoir fait vn peu de bruit. Il faut que la montre en soit ingenieuse, & que l'esprit se retire de ces Spectacles aussi satisfait que les yeux. C'est pour ce sujet qu'on en donne la conduite à des Ingenieurs; & si on les appelle Feux d'Artifice, il faut que ce nom ne conuienne pas moins au dessein & au corps de la Machine, qu'à la décharge des pots à feu, & des fusées. On le pratique ainsi dans toute l'Italie, & l'on a vû dans Paris de ces representations ingenieuses, qui ont rauy toute la Cour, & qui ont fait dire aux Etrangers, que la France ne cede en rien à l'addresse des autres Nations.

Il y a trois choses à considerer dans la conduite de ces Feux:
LE SVIET, L'ARTIFICE, ET LES ORNEMENS.

LE SVIET peut être *Historique, fabuleux, emblematique, naturel, ou mêlé*; c'est à dire qu'on le peut tirer de l'Histoire, ou de la Fable, des choses naturelles, ou artificielles; ou l'inuenter à la maniere des Emblemes, & des Fables du Poëme Epique, qui sont de la creation de l'Autheur. Le mêlé embrasse les beautez de toutes ces especes, & en fait vn seul composé: Mais à quelque espece que l'on s'attache, il faut necessairement l'accommoder *à l'occasion de la Rejoüissance, à la nature du Feu, au lieu où il se fait; & aux Personnes pour qui on le fait.*

L'Occasion est ordinairement vne Victoire, la Naissance d'vn Prince, sa Majorité, son Mariage, ses Alliances, sa Guerison, ou quelque auguste ceremonie; comme le Sacre des Rois, & des Prelats, l'Aduenement des Souuerains à la Couronne, leurs entrées dans les Villes de leurs Royaumes, la Canonization des Saints, ou la celebrité de leurs Fêtes.

Ces diuerses occasions demandent des sujets bien differens. On peut prendre pour vne victoire les Triomphes des Empereurs, les Nations subjuguées, & les Batailles gagnées. C'est ainsi que les exploits

ploits de nos Monarques sont representés par le succés des Armes glorieuses des Cesars & des Scipions. La naissance d'Hercule, & celle d'Alexandre seroient des sujets propres de la naissance des Princes. Celle de cét Empereur eût merveilleusement bien representé la naissance de sa Majesté, pource que les Aigles, qui parurent sur le Palais où Olympias accoucha, auroient été le Symbole des victoires de l'Allemagne, dont les Aigles vaincuës firent la pompe du berceau de nôtre Monarque: & le Temple de Diane, qui brûla la nuit de la naissance de cét Heros, tandis que la Deesse étoit occupée à le receuoir, & à seruir Olympias, seroit accommodé à la nature du Feu.

Au Sacre des Roys & des Prelats on peut representer les ceremonies, dont les Payens vsoient en la consecration de leurs Empereurs, & de leurs Pontifes. On pourroit de même choisir pour la creation des Magistrats, les ceremonies de l'Areopage & du Champ de Mars, où les Grecs, & les Romains faisoient leurs assemblées pour de semblables élections. Le triomphe de Ciceron apres les conspirations découuertes, & les autres exemples de la vertu & de la generosité des Consuls, seroient des sujets auantageux.

Aux Canonizations des Saints, & à la celebrité de leurs Fêtes, on pourroit s'attacher aux Apotheoses des Empereurs, aux Consecrations des Dieux, & aux ceremonies des Festes Grecques & Romaines.

Diuers Exemples des sujets Historiques.

Pour vne Victoire.

Achille & Vlysse mettans le feu à la Ville de Troye. Hom. Ilias

Le jeune Annibal iurant la ruine de Rome sur les Autels. Hist. Rom

Carthage brûlée par Scipion.

Le Consul victorieux, sacrifiant à Iupiter, Iunon & Mars, à la porte de la Ville auant qu'y entrer en Triomphe.

Si c'est sous la Regence d'vne Reyne, que la victoire ayt été remportée, il faut representer Semiramis victorieuse des Bactriens.

Tomyris victorieuse de Cyrus.

Le Combat des Amazones, &c.

Si c'est la premiere victoire remportée apres la declaration de la Guerre, on pourroit representer la Colomne Bellique dressée à Rome deuant le Temple de Bellonne, d'où l'on lançoit vn dard contre le Pays à qui l'on vouloit faire la Guerre.

Pour la Naissance d'vn Prince.

Le Laurier, qui nâquit le même iour qu'Auguste, dont les Empereurs se couronnerent toûjours depuis. Ce Laurier seroit le presage des victoires du Prince naissant.

La naissance d'Achille, & son education sous le Centaure Chiron, qui luy apprit les premiers exercices, & le nourrit de la moëlle des Lions, pour le rendre plus robuste, & plus genereux.

Pour sa Maiorité.

Cyrus reconnu, & declaré Empereur.

Iustinus Paul Æmil. Quint. Curt. Diod. Sicul.

Pharamond éleué sur vn Bouclier, & honoré de toute l'Armée.

Alexandre receuant les Ambassadeurs de diuerses Nations, qui luy étoient sujettes.

Ninias prenant possession de son Royaume, que sa Mere auoit tenu pour luy.

Pour le Couronnement d'vn Prince.

L'euenement de l'Empereur Iulien, qui entrant dans vne Ville, receut heureusement sur la tête vne Couronne qui pendoit sur la porte, & qui luy seruoit d'ornement. Cét euenement fut pris de tout le monde pour vn augure de l'Empire. Eutrope l'a décrit en son Histoire, liu. 11. chap. 1. *Cum Iulianus circiter annum vigesimum, Domini verò 360. esset Cæsar creatus in expeditione aduersus Barbaros in quandam ingressus Ciuitatem, Corona laurea, quibus solent Ciuitates ornari inter columnas pendens rupto fune super caput eius decidit, eumque aptissime coronauit. Cuncti clamore suo Imperij id signum interpretati sunt.*

Pour vne action de Pieté, & de reconnoissance enuers Dieu, pour quelque bien-fait obtenu, ou pour vne Victoire.

Romulus consacrant les depoüilles à Iupiter Feretrien.

Alexandre donnant de l'Encens aux Dieux auec profusion.

Pour les Alliances & pour la Paix.

Hist. Rom. Suet. in Vesp. Plutarc. in Flaminio.

L'Alliance de Romulus & de Tatius.

La Consecration du Temple de la Paix par l'Empereur Vespasien.

La publication de la Paix faite dans la Ville de Corinthe apres

que

que l'Eloquent Flaminius eut fait tomber les armes des mains des Citoyens. Le son des Trompettes ayant fait faire silence au Heros qui annonça la Paix, tout le Peuple repeta tant de fois ce beau nom, & à si haute voix, que les Oyseaux étonnez en tomberent en plein Theatre, au rapport de Plutarque dans l'eloge de Flaminius.

Pour le Sacre d'vn Roy & d'vn Prelat.

L'Inauguration de Dauid, & de Salomon, pour representer le Sacre d'vn Roy. Lib. Reg.

Celle d'Aaron pour vn Prelat.

Cesar éleué à la dignité d'Augure, & de Pontife, & Sacré auec toutes les ceremonies ordinaires à ces actions solemnelles.

Pour la Creation des Magistrats.

Quintius tiré du repos de la Campagne, pour être fait Dictateur. Hist. rom.

Curce & Dece, qui se deuoüent aux Dieux, & s'immolent pour le bien public.

Le songe de Trajan, qui vid en dormant l'Image d'vn venerable Xiphilin. Vieillard, Couronné des rayons du Soleil, qui luy appliquoit vn in Trajano sceau sur le gozier. Cette Image represētoit le Senat qu'on peignoit ainsi; & ce sceau mis sur le gozier, signifioit qu'il seroit l'Oracle des Loix.

Pour l'entrée d'vn Prince dans vne Ville.

Si c'est apres vne bataille gagnée, l'entrée de Cesar dans Rome, apres auoir vaincu Pompée dans les champs de Pharsale.

Scipion victorieux de Carthage entrant dans la même Ville.

A l'entrée du Roy en cette Ville, apres les trauaux d'vne longue Sabellic. & fâcheuse Campagne, où il auoit été atteint d'vne dangereuse ma- lib. 7. ladie; on eût pû representer l'Histoire de l'Indien Sandrocote, qui Enead. 4. vid en songe vn grand & genereux Lion, qui luy léchoit la sueur du front.

Pour la Canonization d'vn Saint.

Elie enleué dans le Ciel dans vn Chariot de Feu. Ce transport est Lib. Reg. le vray symbole de l'Apotheose d'vne Ame sainte.

Pour la veille des Festes des Saints.

Pour sainte Catherine, les Anges qui enleuent son Corps, & qui luy font vn tombeau.

Pour

Pour toute sorte de Saints, la Colomne de Feu, qui seruoit de guide au Peuple d'Israel durant la nuit: Pource que les Saints font le même effet par l'exemple de leurs Vertus, qui nous seruent de guides.

Pour la Resurrection de Nôtre Seigneur, on representa à Rome le Sepulchre, d'où sortit quantité de Feux; & l'Image de Nôtre Seigneur, qui s'éleua par Artifice au dessus de la Machine.

Le Feu d'Artifice du Quartier de ruë Merciere étoit tiré de l'Histoire.

LA Fable fournit des sujets plus agreables que l'Histoire, pource qu'elle reçoit plus de formes, & qu'elle fait des miracles qui passent les forces de la Nature. Les changemens des Dieux, & les actions extraordinaires que le mensonge leur attribuë, donnent plus dans les yeux, que les Combats les plus celebres. La Theogonie d'Hesiode, les Metamorphoses d'Ouide, les Tableaux de Philostrate, & generalement tous les Poëtes, fournissent d'excellentes inuentions en ce genre.

La Fable de l'Hydre terrassée par Hercule étoit vn sujet propre pour la cessation des Guerres ciuiles à la Majorité du Roy. Le Lion vaincu par cét Heros, qui en porta toûjours la dépoüille, pouuoit representer les Victoires remportées en Flandres.

Quant on auroit fait leuer le siege d'vne Ville Maritime, on pourroit prendre la Fable d'Andromede déliuré par Persée, qui seroit l'Image du Liberateur.

Pour vne Ligue, on pourroit dresser l'Autel, sur lequel les Dieux iurerent autrefois la Guerre contre les Titans, & qui fait à present vne constellation dans le Ciel.

Pour la Paix, on leur feroit quiter les Armes sur ce même Autel, où Iupiter déposeroit sa Foudre, Mars son Epée, Minerue sa Lance, Saturne sa Faux, tandis que Mercure feroit l'Office de Heros, auec son Caducée.

L'Apotheose d'Hercule pourroit seruir à representer celle des Saints, son Bucher seroit le symbole de la Charité ardante, qui les a consumez, & son entrée dans le Ciel seroit vn Illustre Embleme de leur Triomphe, comme vn Ecriuain Italien en a fait l'Embleme de l'Ame, qui se separe du Corps corruptible pour se rejoindre à son Principe; & l'a accompagné de ce vers pour Deuise.

Arso il mortal al Ciel andrà l'Eterno.

Pour vne Victoire Nauale, le Vaisseau des Argonautes mis dans le Ciel.

Pour

Pour vne Victoire remportée sur des Rebelles, les Geants foudroyez par Iupiter.

Pour la naissance d'vn Prince, la naissance de Mercure, emmailloté par les Saisons sur le Mont Olympe. Philostrate en a fait vn de ses Tableaux.

On peut aussi prendre les naissances des autres Dieux, ou les presages qui les precederent, & que la Fable a inuentez.

A la Naissance de Madame de Sauoye, fille de France, on representa à la Cour la naissance de Mineruе, qui fut vn heureux augure de la generosité & de la sagesse de cette Heroïne, qui est la merueille de son siecle.

Pour la Paix, Mars enchaîné par Vulcan, qui estant le Dieu du feu, representeroit en general les feux de Ioye faits pour la Paix.

Ganymede porté dans le Ciel par vn Aigle, pourroit representer l'Apotheose d'vn Saint, qui seroit mort jeune.

Le Rameau d'or donné à Enée par la Sybille, seroit vn presage de Victoire.

Apres vne Guerre Ciuile, les Cyclopes, qui forgent des foudres à Iupiter.

Les Nopces de Iupiter & de Iunon: de Pelée & de Thetis, pour vn Mariage.

Pour vne Victoire, le Combat des Centaures & des Lapithes. Les trauaux d'Hercule & le Triomphe de Mars.

Le dessein du Feu d'Artifice dresé dans le Quartier de Monsieur le Preuost des Marchans, & celuy du Quartier saint Pierre, estoient les deux seuls tirez de la Fable en nos dernieres rejoüissances de la Paix. Celuy de Iason allant à la Conqueste de la Toison d'or, dressé à l'entrée de Sa Majesté, en étoit aussi tiré.

A la Canonization d'vn Saint, on pourroit representer l'entrée glorieuse d'Hercule dans le Ciel, par la voye de Laict, apres les penibles trauaux qu'il eut essuyez; & l'on pourroit representer apres luy des Genies, chargez des dépoüilles qu'il auoit remportées, qui les placeroient dans le Ciel pour seruir de Constellations. Ce seroit la marque des bonnes œuures d'vn Saint, qui n'a trauaillé que pour le Ciel.

LE SVIET Emblematique est le plus ingenieux, pource qu'il est de l'inuention de l'Ouurier, qui est createur de sa matiere, à la façon des Poëtes; & qu'il n'est pas vne simple application d'vne chose faite, comme sont les sujets que l'on tire de l'Histoire & de la Fable. Ce qui le rend ingenieux, c'est que l'Inuenteur donne vn Etre sensible à des choses qui n'en ont qu'vn moral; & qu'il fait voir les

Arts, les Sciences, les Vertus, les Vices, &c. auec des symboles qui en expliquent la nature. Celuy que l'on prit en cette Ville la veille de la Feste de S. Iean Baptiste à l'occasion de la Tréve, étoit emblematique. Il representoit vn Lion entre la crainte & l'esperance de la Paix que l'vn traitoit, tandis que Mars & Bellonne étoient negligemment couchez sur des Armes renuersées. On pourroit au sujet de la Paix representer son Alliance auec la Iustice, tandis que l'Amour & l'Himenée arracheroient aux Furies leurs flambeaux, & en brûleroient des Armes entassées.

Pour vne Victoire, on la pourroit representer, qui tiendroit la Fortune enchaînée.

Les Funerailles de Mars pour la Paix.

Le Baiser de la Paix & de la Iustice, pour le mesme sujet.

L'Hymen qui desarme Mars, & qui le lie auec des Guirlandes de Roses, pour la Paix causée par vn Mariage.

Les desseins des Feux de la Place S. Iean, du Quartier des trois Maries, & de ceux de la Boucherie S. Paul, de la Iuifverie, de la ruë de Flandres, de la Fontaine S. Marcel, de la ruë de la Lanterne, du Plastre, de la Grenette, de Confort, de l'Hôpital, &c. étoient des desseins emblematiques.

Les Poëtes sont les Autheurs qu'il faut consulter pour ces inuentions, aussi bien que les Emblemes d'Alciat, de Bochius, de Costalius, de Gomberuille, la Cité du vray de Delbene, &c. ce sont les modelles qu'on se peut proposer ; mais il faut que l'esprit & l'imagination soient les Inuenteurs de la Piece.

L'Art des Emblemes que ie donne separément, seruira d'Idée à la conduite de ces desseins.

LE Sujet naturel est plus simple, & n'est que la representation d'vne chose naturelle ou artificielle. Comme seroit vn Phœnix sur son bucher, vne Salemandre dans les flâmes, vn Portique, vne Pyramide, vn Obelisque ou vn Arc de Triomphe.

Apres vne Victoire Nauale, on pourroit dresser la Colomne que les Romains appelloient *Rostrata*, à cause des proües des Vaisseaux qu'on y voyoit attachez, telle qu'elle est representée dans vn reuers de Medaille.

LE MELÉ est composé de tous les autres. Il peut être pris de l'Histoire ou de la Fable, & representer vn Temple, vn Palais, ou quelque autre lieu semblable où la chose se seroit passée. L'on y peut ajoûter des Emblemes & des Deuises pour Ornemens ; des Personnages Chimeriques, & des Mouraux, sous des figures inuentées.

Le

Le sujet que ceste Ville a choisi à l'occasion de la Paix est de ce genre; car le Temple de Ianus fermé par Auguste, est vn point d'Histoire; Mercure & Ianus sont tirez de la Fable. Les Mois, les Signes, les Saisons, les Graces, & Amalthée sont de ces Estres Moraux que les Emblemes rendent sensibles; & le Temple est vne chose artificielle.

Il faut autant que l'on peut s'attacher à la nature du feu dans le chois de ces desseins, & prendre des sujets qui luy soient propres, ou du moins, qui ne luy soient pas contraires: Comme seroit vn naufrage, des Fontaines ou des Riuieres; car ce seroit brûler l'Eau. Scæuola qui brûle sa main, l'Incendie de Troye, Medée qui s'enuole dans vn Char de feu, le Mont Etna ou le Vesuve, la Fournaise de Vulcan, la Salemandre, & les semblables sont les plus naturels.

LE LIEV est la troisiéme chose qu'il faut considerer pour luy approprier le sujet, l'entens par le lieu, la Ville qui fait le Feu, & l'endroit de la Ville où il se fait.

Pour le premier, il faut auoir égard aux singularitez de la Ville ou de la Prouince, & prendre vn sujet dans leurs Annales quand elles en fournissent de propres. Comme le Vaisseau des Argonautes seroit vn sujet fort propre pour la Ville de Paris à cause de ses Armes, & de la Fable qui fait les Argonautes ses Fondateurs. Ainsi on fit autrefois en cette Ville à l'entrée du feu Roy vn grand Lion, d'où sortirent quantité de Feux; mais particulierement vn beau Soleil, pour faire allusion au dessein general de l'entrée, qui estoit *le Soleil au Signe du Lion*.

Pour le second, si c'est sur vne Riuiere que l'on dresse la Machine, il faut prendre vn sujet propre de l'Eau, sans qu'il soit pourtant cõtraire au feu. Comme seroit le combat Naual d'Auguste & d'Antoine, où les Vaisseaux de celuy-cy furent brûlez. Andromede déliurée, la chûte de Phaeton, & l'embrazement du Scamandre y conuiendroient; & le Phare, qui fut vne des merueilles du Monde.

On obserua dernierement cette Regle à Venise, à l'occasion du feu de ioye de la Paix; car la Machine ayant esté dressée sur l'Eau, le pied selon le lieu où elle estoit dressée, paroissoit dans l'eau, & entouré de Dauphins, Syrenes, Cheuaux Marins, & diuerses autres figures.

Il faut encore auoir égard aux Personnes qui font la despense, ou pour lesquelles on dresse la Machine; car on peut prendre le dessein de leurs Armoiries, ou quelque chose qui ayt du rapport à leur Nom. Comme à la naissance du Dauphin, le Dauphin Celeste, l'Aigle de Iupiter au Couronnement de l'Empereur.

Pour les Saints, on peut prendre leurs symboles, ou les instrumens de leurs supplices comme seroit vn cœur enflamé pour S. Augustin, vn Taureau enflâmé pour S. Eustache, le Dragon pour S. George, & quelqu'vn de leurs Miracles, leurs visions, & les prodiges qui les ont deuancez. Comme à la Canonization de Monsieur de Geneue, on pourroit representer le Globe de feu qui luy tomba du Ciel en son Oratoire pendant sa priere. Vn Chien qui éclaire le monde d'vn flambeau, pour S. Dominique.

L'VNE des principales obseruations qu'il faut faire en la conduite de ces Feux, est de n'y mettre aucune figure, dont on puisse trouuer occasion de railler; & que comme on les fait ordinairement brûler, on ne puisse faire la plainte que fait Monsieur Colletet en vne de ses Epigrammes, a l'occasion d'vn feu de Ioye fait en Gréve, où l'on auoit brûlé les Muses l'an 1649.

Dedans vn Siecle glorieux,
On cherit les Filles des Dieux;
Mais dans vn lâche & ridicule,
On les mene en Gréve, on les brûle.

Il y a aussi quelques années que la Gazette remarquoit, que ceux de la Haye ayant dressé vn Bucher, où la France estoit representée soûmise à l'Espagne, & y ayant mis le Feu, il se prit en sorte à l'Image de l'Espagne, qu'il la reduisit d'abord en cendre, laissant celle de sa Riuale entiere, & seulement vn peu noircie de fumée.

Il faudroit en ces rencontres disposer en sorte la Machine, que par le moyen d'vne méche souffrée, on communiquât le Feu à toutes les décharges, sans brûler la representation, comme i'ay vû faire quelque fois. Aussi bien la fumée du bois & de la paille nuit souuent au succez de l'Artifice.

Que si l'on est absolument obligé d'y mettre des Figures des Saints, des Princes, ou des Vertus, & que ce soit la coûtume de brûler la Machine, il faut trouuer le moyen de les sauuer de l'embrasement, comme i'ay vû faire vne fois la veille de la Feste S. Iean Baptiste. Le sujet étoit la Decolation de ce glorieux Precurseur: Herodias tenoit la teste de ce Saint Martyr dans vn bassin, qu'elle presentoit à Herode; mais le feu fut à peine au Bucher, que cette Teste en sortit, & s'éleua le long d'vne corde iusqu'au dessus de la face de la grande Eglise, où elle s'arrêta pendant que ses Persecuteurs furent reduits en cendre.

L'ARTIFICE est d'autant plus important, que c'est de luy que ces Feux ont receu le nom de Feux d'Artifice, & que toutes les autres parties qui les composent, ne sont proprement que ses accessoires. Il faut

faut que celuy qui en a la conduite prenne soigneusement garde aux sortes de Feux que demande l'occasion ou le sujet ; qu'il les dispose à propos, & qu'il en regle les décharges.

Les Feux ordinaires dont on se sert, sont les Fusées, les Trompes, qui sont des especes de soufflons ; les Lances à feu, les Saucissons, les Serpentaux, les Chandelles, les Balons, les Pots à feu, & les Girandoles.

Bien qu'on ayt coûtume de mêler tous ces Artifices dans vn dessein, il est neantmoins de la prudence de l'Artificier, de les approprier à son sujet. Si c'est vne Bataille gagnée qui en soit l'occasion, il faut que ses Feux tendent tous à faire du bruit & du fracas. Si le sujet conuient à quelque Constellation, comme seroit le Vaisseau des Argonautes, le Lion dompté par Hercule, l'Autel sur lequel les Dieux iurerent la Guerre des Geants, Andromede, Cephée, Atlas portant le Ciel, &c. il faut que tous les iets finissent en Estoiles : Et comme ces Feux ressemblent aux Astres, qui sont les symboles des Saints, ils sont les plus propres aux celebrités de leurs Festes.

Si l'on represente vne teste de Meduse, ou vn Dragon, il n'en faut faire sortir que des Serpentaux, de mesme que des testes des Furies ; d'autant que ces Animaux ne se nourrissent que de Serpens, au rapport des Naturalistes, & que la Fable en donne pour cheueux à ces monstres de l'Enfer. Les Girandoles ne doiuent seruir qu'à representer les choses qui ont le mouuement circulaire ; comme le Ciel, les Planettes, les Signes celestes, les Roües, &c.

Si l'on met des Figures dans la representation, il ne faut pas qu'elles soient de simples ornemens de la Machine, mais il les faut remplir d'Artifices selon le sujet ; comme si c'est vne Hydre, on en peut faire sauter toutes les testes les vnes apres les autres.

La disposition est necessaire pour faire vn Artifice reglé. On donne ordinairemẽt à l'étage inferieur le fracas des Mortiers & des Saucissons. On place vn peu plus haut les Girandoles. Les Fusées & les Serpentaux font le corps de l'Artifice, afin que les vnes s'éleuent en l'air, tandis que les autres croissent & serpentent pour plus de varieté. Les Fusées à estoiles, les Lances à feu, & les pots à feu, tiennent le dessus de la Machine ; particulierement les Lances à feu doiuent faire le couronnement, & orner les saillies, parce que ce sont des Feux qui durent apres la décharge de tous les autres, & qui font voir vne agreable symmetrie de la Machine, quand ils sont tous allumés. Ceux qui sont bien entendus en la pratique des Feux, font premierement paroître toute la Machine allumée par le moyen des lances à feu, qui font vn Feu paisible & agreable.

On se sert de diuerses Caisses, où l'on range les Artifices auec des Lances à feu d'vne longueur inégale, afin qu'ils ne soient pas surpris

 tous

tous ensemble, & que se succedant les vns aux autres, ils puissent agréer dauantage, & diuertir plus long-temps.

Quelques autres le font par des Tuyaux secrets, qui communiquent le feu à toutes les charges; mais cette inuention demande que le Maistre soit dans la Machine pour mettre le feu successiuement aux décharges, qui seroient autrement trop promptes.

Cette disposition sert encore à la representation de diuerses Figures, comme sont les Noms des Saints dont on celebre la Feste, ou les Chiffres, & les Armoiries du Prince victorieux, qu'on fait paroistre en l'air par le moyen des fusées disposées en diuers jets.

On fait en Italie paroître ces Chiffres & ces Armes, toutes en lumiere, par le moyen de diuerses lampes qu'on fait allumer tout à coup, & éclairer durant deux ou trois heures auant la décharge de l'Artifice, qu'on fait joüer sans brûler la Machine.

L'ordre des décharges depend de la disposition, & i'ay suffisamment declaré quel il doit étre, quand i'ay dit qu'il falloit commencer par les pieces de plus de bruit. Les Girandoles les doiuent suiure auant qu'vne trop grande fumée puisse empécher leur effet. Ie dis le méme des Serpentaux; car les fusées qui s'éleuent plus haut, ne perdent rien de leur éclat, & dissipent aisement cette fumée. Enfin, la derniere décharge, si l'on brule la Machine, doit étre de grand fracas pour la faire voler en éclats.

La meilleure Regle qu'on puisse donner pour la disposition, c'est qu'il faut que les yeux soient incessamment diuertis, & auec varieté, mélant des jets de Fusées aux Serpentaux, des Lances à feu aux Girandoles, en faisant succeder ces feux les vns aux autres.

On se sert quelquefois d'vn Artifice pour mettre le feu à la Machine, comme d'vn Dragon volant, conduit par vne Fusée sur vne corde bien tenduë; on fait voir aussi auec la mesme inuention, des Caualiers & des Animaux qui se battent en l'air, & qui auancent & reculent par le moyen des Fusées posées l'vne d'vn côté, l'autre d'vn autre, qui se communiquent successiuement le feu. On fait encore tourner des Roües, & des Spheres, & cent autres galanteries, qui sont de l'inuention de l'Artificier.

LES ORNEMENS, qui sont la derniere chose qu'il me reste à remarquer, sont de plusieurs sortes. Les plus generaux sont les *Inscriptions*, les *Deuises*, les *Emblémes*, les *Chiffres*, & les *Hieroglyphes*.

Les *Inscriptions* expliquent la Machine & l'occasion de la Feste, & inuitent les peuples à la ioye. En voicy des exemples tirez des Feux d'Artifice d'Italie. A Turin, à l'occasion de la Naissance de Sa Majesté, Madame de Sauoye fit faire des Feux de ioye, où l'on lut ces

Inscriptions,

Inſcriptions, écrites en gros Caracteres ſur les diuerſes faces d'vn Temple bâty à l'antique, & enrichy de Colomnes.

I.

NOVVM DE COELO PACIS
FECIALEM DELPHINVM,

FRATRIS REGNO ÆQVE,
AC SVO GRATVLATA.

MINERVA ALLOBROGICA

HAS DE EVROPÆ INCENDIO,
SVPERSTITES FLAMMAS,

IN LÆTITIÆ ARGVMENTVM
ACCEDIT.

II.

LVDOVICI GAVDIA VESTRA
FACITE TAVRINENSES,

NON NISI SABAVDIÆ BONO FELIX
FVTVRA GALLIA EST:

IRRIGATE FLAMMARVM PLVVIA,
TANTORVM SEMINA GAVDIORVM.

TELLVRI DIES INVIDEAT NOVVM
SOLEM, NOX NOVA SIDERA;

COELVM COMETIS OBRVITE,
PRÆDICABVNT REGIS NATALIA,

NEC PRÆDICENT EXITIA.

Le ſtyle de ces Inſcriptions doit être ſerré & plein de penſées. On les fait quelquesfois en Langue vulgaire pour les rendre plus intelligibles au peuple;mais elles ont peine d'auoir la grace des Latines,qui ſont plus energiques en peu de mots.

On prend quelquefois des paſſages de l'Ecriture, des demy vers de quelque Poëte,ou meſme les Anagrammes du nom de la Perſonne pour qui ſe fait la Réjoüiſſance.

Il y a de ces paſſages de l'Ecriture, & des Poëtes, qui ſont d'autant plus

plus beaux, qu'ils semblent être prophetiques. Comme est presque tout le Pseaume 71. qui apres la publication de la Paix, semble predire mille benedictions au Roy. *Deus Iudicium tuum Regi da, & Iustitiam tuam filio Regis..... Suscipiant montes Pacem populo, & colles Iustitiam..... Orietur in diebus eius Iustitia, & abundantia Pacis: donec auferatur Luna.* Ce passage semble vn augure de la ruine des Turcs. *Et dominabitur à Mari vsque ad Mare, & à flumine vsque ad terminos terræ. Coram illo procident Æthiopes, & inimici eius terram lingent..... Benedictum nomen Maiestatis eius in æternum: & replebitur Majestate omnis terra, fiat fiat.*

Le passage du chapitre 57. d'Esaye, vers. 19. s'applique aussi merueilleusement à cette Paix. *Creaui fructum labiorum Pacem, Pacem ei qui longè est, & qui propè.* En effet, ne semble-t'elle pas auoir esté crée en vn temps où personne ne l'osoit esperer? & n'a-t'elle pas comme esté tirée du neant des Prouinces desolées, & des Villes reduites en cendres? Elle est aussi le fruit des Conferences des deux Ministres.

Nos Poëtes sont aussi quelquefois Prophetes, & ce n'est pas sans mystere que les Latins leur ont donné le mesme nom qu'aux Deuins. Virgile semble auoir décrit la Naissance du Fils de Dieu en la quatriéme Eclogue. On applique aussi à l'établissement de l'Eglise cét Epiphoneme du premier liure:

Tantæ molis erat Romanam condere Gentem.

Nous pourrions de mesme appliquer ceux-cy qui presagent les guerres contre le Turc.

Hinc populum lato Regem belloque superbum.
Venturum excidio Lybiæ sic voluere parcas.

Et ce demy vers de Claudian, *Panegyr. Stilic.* 3.

Nil placitum sine Pace Deo.

Fait merueilleusement bien au sujet de la Paix. Comme celuy-cy de Virgile se pourroit appliquer à la mort de tant de braues Chefs durant nos dernieres guerres, dont la France regrette la perte.

————— Luget
Lumina tot cecidisse Ducum.

On a appliqué heureusement à son Eminence ces deux vers du sixiéme de l'Eneïde:

Tu regere Imperio populos Romane *memento.*
Hæ tibi erunt artes Pacique *imponere nomen.*

Generalement tous les desseins pris de l'Histoire, & de la Fable, ou inuentez, demandent des Inscriptions qui en fassent l'application, & qui expliquent la pensée de l'Inuenteur.

Mais il faut auoüer, qu'il n'est rien de si difficile à faire, que ces Inscriptions,

Inscriptions, qui doiuent être toutes spirituelles. Les fautes y sont insupportables, & ie ne sçay par quelle fatalité il arriue souuent, qu'on y en treuue, à cause qu'on les donne à faire à des personnes qui n'en ont pas l'vsage. Ces beueües ont souuent donné occasion à des Epigrammes, comme celle-cy d'vn ieune Medecin, qui auoit fait en vers Latin la premiere syllabe de *Vita* briéve, & auoit trauaillé tout vn iour deux chetifs vers:

Carmine in exiguo Medicam complecteris artem,
Ars *tibi nam* longa *est Faustule* Vita breuis.

Les Aphorismes d'Hypocrate commencent par cette Sentence, *Ars longa Vita breuis.*

Les *Emblemes* se peuuent tirer de l'Histoire, de la Fable, ou des choses naturelles & inuentées, de la maniere dont on forme le sujet de toute la Machine, qui est toûjours vn Embleme; parce qu'il est vne representation instructiue, qui nous apprend la cause pour laquelle on la dresse, & qui a du rapport à l'occasion pour laquelle on la fait.

Les *Deuises* sont composées d'vn corps & d'vne ame; l'vn est pris d'vne figure naturelle à l'exclusion de la figure humaine, ou d'vne chose artificielle. Et l'autre, d'vn bout de vers de Poëte, ou d'vn petit mot en autre langue que la vulgaire. Ces deuises ne doiuent pas seulement estre propres au sujet, mais il faut encore autant qu'il se peut, que les corps conuiennent à la nature du Feu. Et c'est ce que demandent principalement les Maîtres de ces peintures ingenieuses, qu'elles soient conformes aux lieux où l'on les place; comme celles qui se font pour les Eglises, doiuent être sacrées. Le corps se doit prendre autant que l'on peut des instrumens qui seruent à nos ceremonies, & l'ame des paroles de l'Ecriture. Dans les Academies, les corps se tirent des instrumens des Sciences; comme sont les Spheres, les Cylindres, Compas, &c. Dans les Arsenaux, & dans les Citadelles, des Armes, &c.

Les *Chiffres* ne sont que les lettres des noms diuersement entrelassées.

Les *Hieroglyphes* sont les symboles propres de chaque Figure; comme on donne à Iupiter la Foudre, vne Corne d'abondance à la Felicité, vne Faux au Temps, vn Caducée à Mercure, & vn Trident à Neptune.

Nos Saints ont aussi leurs Hieroglyphes, qui les distinguent. S. Iean Baptiste tient vne Croix de Roseau, entourée du mot, *Ecce Agnus Dei* en écharpe, & vn Agneau sur vn liure, Sainte Catherine vne Roüe, Saint Pierre des Clefs, S. Paul vne Espée, &c.

Il y a vne autre sorte d'ornemens, qui appartiennent à l'Artifice; comme si l'on dresse le Bucher sur vne riuiere, on peut par le moyen de plusieurs Batteaux representer vn Combat Naual. Aux ioyes publiques de Constantinople, on commande à tous ceux qui ont des Permes ou des Caïques dans le port, d'y allumer des lampes, comme nous mettons icy des lanternes à nos fenestres. Ces Permes & ces Caïques, qui sont au nombre de trois mille, courent tout le Port, & font vn spectacle fort agreable. En Italie ils ornent les Machines de quantité de lampes si bien disposées, qu'elles representent diuerses Figures. A l'entrée de la Reine de Suede à Turin, on auoit éclairé de cette sorte vn Portique par où elle deuoit passer; & les Lampes y representoient ses Armes, & celles de toutes les Alliances de sa Famille, ses Chiffres, des lacs d'Amour, des Arabesques, & diuerses autres Figures.

Enfin il y a cette difference entre ces pieces bien conduites, & celles qui sont faites sans dessein; que les vnes ne sçauroient plaire qu'vn moment, & satisfaire seulement les yeux tandis que l'Artifice ioue; au lieu que les autres diuertissent également & l'esprit & les yeux, & en laissent dans la memoire vne image qui plait, & qui instruit.

FIN

www.ingramcontent.com/pod-product-compliance
Ingram Content Group UK Ltd.
Pitfield, Milton Keynes, MK11 3LW, UK
UKHW021204220726
13924UKWH00003B/1317